部活で スキルアップ!

# 演劇部 活躍のポイント

増補改訂版



演劇制作ユニットしむじゃっく主宰
私立江戸川学園取手中・高等学校演劇部外部講師
杉山 純じ 監修

「演劇の魅力って何ですか?」と聞かれたら貴方はなんと答えるでしょうか?

「自分と違う人生を演じられる」「仲間と協力して一つの作品を創り上げる一体感」「ライブならではの迫力と臨場感」様々挙がってくると思います。
そのどれもが正解です。

私の答えはこうです。
「演劇の多様性と寛容さこそが、最大の魅力だ!」

舞台の上では過去も未来も、異なる世界でも行く事が出来ます。違う人間どころか動物にだって、無機物にすらなることが出来ます。多様な個性が存在し多様な考え方を表現できます。また、同じ戯曲(台本)でも演じる学校によってまったく別の作品になり得ます。
正解は一つではなく、どこまでも自由があります。

しかしその自由さが時に貴方を苦しめる事があるかもしれません。
顧問先生も含め、多くの方が演劇部に入って初めて演劇に触れると思います。知識も経験もない中で入り込んだこの広大な自由の世界では思い通りにいかない事も起こります。

自分達が正解だと思ってやっていた事が講評で否定された…。
伝えたい事がうまく伝わらず誰かを傷つけてしまった…。
それ以前にそもそも何をやればいいのかよく分からない…。

そんな時に自分達の進むべき道が分からなくなって途方に暮れたり、演劇に関わっていていいのだろうかと悩む事があるかもしれません。

これだけは忘れないでください。
「貴方が自分自身をさらけ出して舞台の上に立っている、あるいはスタッフとしてその人を支えている、それだけで貴方は、偉い!」
これは綺麗事でもなんでもない、演劇をやる上での大前提なんです。

演劇作品の表現方法は様々あります。その受け取り方も様々です。
作品に対して何かを言う自由はあっても、貴方自身を否定する権利は誰にもありません。

人は皆違います。
自分が思っている事を分かってもらえない、部員や先生や親の言っている事が分からない。よくある事です。苦しまないで下さい。誰も否定しないで下さい。
違いを見付けて認め合い、話し合う事こそが、演劇的作業と言えるのではないでしょうか。
どうか、人との違いを楽しんで下さい。

本書では数あるトレーニング方法や注意点の中から、どのような部活環境（経験値・身体能力・人数・部費・活動時間等）でも実践できる内容を中心にご紹介しています。それでも本書に述べた内容が全ての演劇部にとってベストになる訳ではありません。各ポイントで私が伝えたい意図を見つけ、部員同士で話し合い、自分達にとってベストなやり方に改良していく事もまた演劇的作業です。

本書が貴方なりの演劇と出会う手助けになりますように。

杉山純じ

# CONTENTS

## 3章　上演稽古②　発展期間で意識を高めよう!

## 4章　万全の状態で本番を迎えよう！



## 5章　もっとレベルアップしよう！



※本書は 2018 年発行の『部活でスキルアップ!演劇　上達バイブル』を元に、新しい内容の追加と必要な情報の確認・更新、書名の変更を行い、「増補改訂版」として新たに発行したものです。

# 1章

# 基礎の力を
# アップさせよう!

コツ 1

# 効果的な練習を続けていくための練習メニューを組もう！

日々の基礎練に関しては、予め決めたメニューを行っているグループもありますが、一つひとつの内容を「何分かけよう」や「何時何分までに終わらせよう」と決めて行っているところは少ないのが現状です。レベルアップの第一歩は、個々のメニューに時間を決めて行うことです。

## ポイント 1 その場その場で基礎練メニューを決めるのはNG

「今日は何をしようか」と、その場その場で基礎練の内容を考えることが多く見受けられます。そうすると、その考えている時間がもったいないです。また、ある程度決まったメニューがあっても、あれもこれもと時間を決めずに行っていると、その日練習できる時間内に収まらずに、その日が終わってしまうことも。そうならないためにも、ある程度、ペース配分、時間配分をつくってしっかり計画的に行うことが大切です。

### ワンポイントアドバイス

基礎連錬は大事です。大会前や公演前になっても、コツ2から7まではぜひ続けてほしい内容です。

## ポイント 2 まずは練習メニューの個々の内容に時間配分を決めておく

それぞれの練習メニューの時間の決め方は、「何時から何時」もしくは、「何を何分」という決め方の二通りありますが、「何を何分」と決めておいた方がベターです。放課後、部活に使える時間は16時から18時の間が一般的です。その限られた時間の中で、例えば、最初の30分を「ストレッチ」から「滑舌の練習」（コツ２から７）まで行うといったように、予め時間を決めておきましょう。

平日16時～18時の2時間(例)

休日6時間(例)

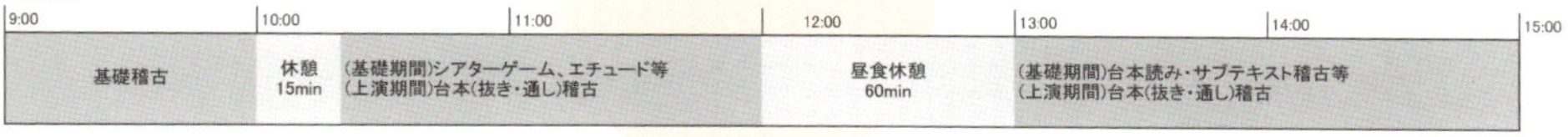


## ポイント 3 基礎練習を毎日続けよう

コツ2: 短時間でからだ全体をうまく伸ばせるストレッチをしよう
コツ3: からだのバランスを整えるために体幹を鍛えよう
コツ4: 体力を向上させるために筋トレをしよう
コツ5: 肺活量を上げるための呼吸法をマスターしよう
コツ6: 声の音量を高める発声法をマスターしよう
コツ7: 滑舌をよくするための練習法をマスターしよう

よく「大会前だから基礎練省こう」といったことが行われがちですが、基礎錬をおろそかにしていると本番で実力が発揮できなくなることがあります。焦れば焦るほど、どんどん実力が発揮できなくなってしまうのです。

### まとめ

**ステップアップのためにこれだけは心がけよう!!**

①基礎練メニューはあらかじめ決めよう！
②練習メニューの個々の内容に時間配分を決めておこう！
③毎回30分の時間をとって、コツ2から7までこなそう！

コツ 2

# 短時間でからだ全体をうまく伸ばせるストレッチをしよう!

演技の練習をしていく上で、からだの柔軟性は欠かせません。これを準備運動としてしっかり行わずに怠けてしまうと、筋肉を傷めることやケガにもつながりかねません。短時間の練習でも省略せず、からだ全体の筋肉を伸ばして柔らかくしましょう。また、からだが温まると声がよく出るようにもなります。

## ポイント 1 短時間でからだ全体の筋肉を伸ばして柔らかくするエクササイズを行う

ここでは、短時間で全身の筋肉をくまなく伸ばす方法をご紹介します。

①まずは立って両腕の筋肉を伸ばす（両手は地面に垂直にする）。

②その姿勢から倒して、体の側面の筋肉を伸ばす（左右行う）。

### ワンポイントアドバイス

一連の流れを1セットとして、これらの動きを5分間繰り返して行うと効果的です。からだのどこを伸ばしているのか意識しながら行いましょう。

③首筋を伸ばす。
首は左手で右耳を持って倒す。逆に右手で左耳を持って倒す。今度は両手で組んで、後頭部を前に押していく。次に額を持って、後ろに伸ばす。

④股関節を伸ばす。
肩をぐっと股関節に入れて股関節を回す。

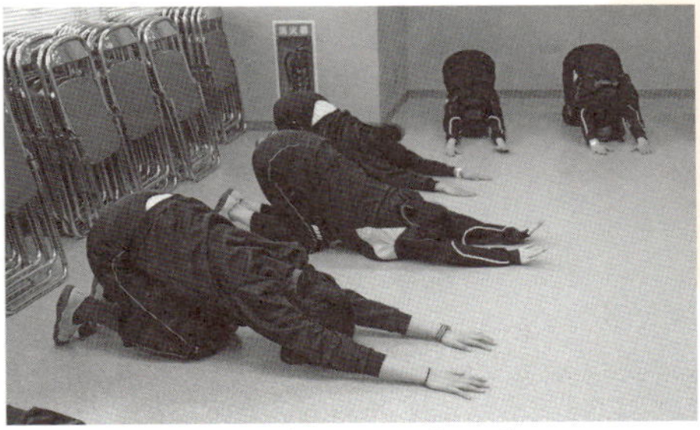

⑤肩と背中を伸ばす猫のポーズ

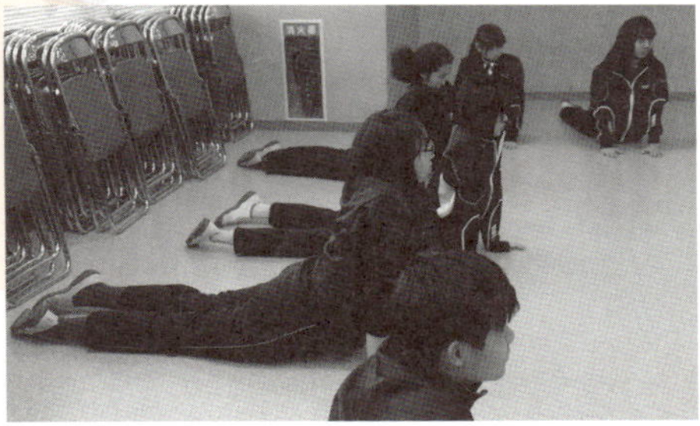

⑥胸の筋肉を伸ばす（アザラシのポーズ）。

⑦手首をひっくり返して手首の筋肉を伸ばす。

⑧足首の筋肉を伸ばす（左右行う）。
くるぶしの下を親指でつかんで回す。左足を回したら右足を回す。これで一連のエクササイズが終了。

**まとめ**

**ステップアップのために**
**これだけは心がけよう!!**

①毎回、最初に効果的なストレッチをする。
②一連の動きを5分間繰り返して行う。
③からだを温めて声の出をよくする。

コツ 3

# からだのバランスを整えるために体幹を鍛えよう！

演劇では運動部のような強靭な筋肉は必要ありませんが、全身を使って演技するためバランスが重要です。インナーユニットと言われる筋肉部位（体幹）を鍛えることは【コツ8】でも後述する全身を意識する際にとても重要なだけでなく、声が出やすくなったり疲れが出にくくなったりと利点も多くあります。

## ポイント 1 簡単に体幹を鍛えられるエクササイズを行う

演劇部の人たちは運動部の人たちと違って、すぐにでも稽古がスタートできるため、正しいからだの使い方を知らない人が多く見受けられます。ここでは、運動が苦手な人でも行うことのできる、比較的簡単でかつ効果のあるエクササイズを紹介します。

### ◇エクササイズ1：基本の姿勢

四つん這いになって右手を前に出してそのまま左足を。手と足のラインが、なるべく一直線になるように開く。（左右行う）
腹部を中心にからだ全体を整えます。
お腹が下に落ちたり、足が上がり過ぎないように意識します。

### ワンポイントアドバイス

四つん這いや横扇形、T字の姿勢それぞれのポーズを左右各30秒くらいずつ行うとよいでしょう。途中で、体勢維持がきつくなったら一度リセットして再度チャレンジしてみましょう。決して無理をしないでください。

### ◇エクササイズ２：横扇形の姿勢

横扇形の姿勢をとる。（左右行う）
からだの側面部を整えます。
写真の体勢できつい場合は肘までつけて、手のひらから肘で支えるようにしましょう。
足から頭までがまっすぐのラインになるように、腰が下がったり上側の肩が開き過ぎたりしないよう意識します。

### ◇エクササイズ３：Ｔの字の姿勢

片足で立って、足を曲げながら倒す。Ｔの字になるように。（左右行う）
下半身を中心にからだ全体を整えます。
「Ｔ」の字になるまで足が上がらない場合は、手から足までがまっすぐのラインになるようにしましょう。
伸ばした腕は広がらないように、耳の横につくようにしましょう。

## ポイント２ 日替わりでリーダーを決め、メンバーが正しい姿勢で行っているかをチェックする

リーダーはメンバーをチェックして、足が上がり過ぎたり、逆に、あまり上がっていなかったりしないように注意します。チェックポイントとしては、からだの線と手の線、足の線がなるべく一直線になっているか、腰やお腹が落ちていないかを見ます。
この体幹エクササイズで注意する点は、正しい姿勢で行わないとほとんど効果が上がりません。そこで、必ず日替わりで

チェックする人をひとりつけることが大切です。

### まとめ

**ステップアップのために これだけは心がけよう!!**

①毎回、体幹を鍛えられるエクササイズを行おう！
②エクササイズの際は、日替わりでリーダーを決め、メンバーが正しい姿勢で行っているかをチェックしよう！
③メンバーは、からだの線と手の線、足の線がなるべく一直線になっているか、腰やお腹が落ちないようにしよう！

コツ 4

# 体力を向上させるために筋トレをしよう！

前項では「体幹」（胴体の深層部にある４つの筋肉）を鍛えることに焦点を当てましたが、本項では、より体力を向上させるために、からだの大切な部分の筋トレをしましょう。正しい筋トレの方法を身につけることで、筋肉を痛めることなく体力の向上が望めます。トレーニングの種類としてはランニング・腹筋・背筋・腕立て伏せ・スクワットなどがあるかと思いますが、上体起こしによる腹筋トレーニングは身体を痛めやすくお勧めしません。代わりに腹筋を中心に鍛えられるクラッチをしましょう。

## ポイント 1 正しい筋トレの方法を身につける

演劇部の練習は運動部のそれとは違います。あくまでも大切なことはからだを傷めないことです。無理することはありません。きついと感じたら途中でやめてもＯＫです。自分の体質、体力に合ったレベルでの筋トレを行いましょう。また、体力を向上させる目的であれば、軽くランニングを行うことも有効な方法です。

### ワンポイントアドバイス

クラッチは1分が目安です。1セット1分で、1回の練習に２～３セット程度がよいです。

### ◇エクササイズ：クラッチ

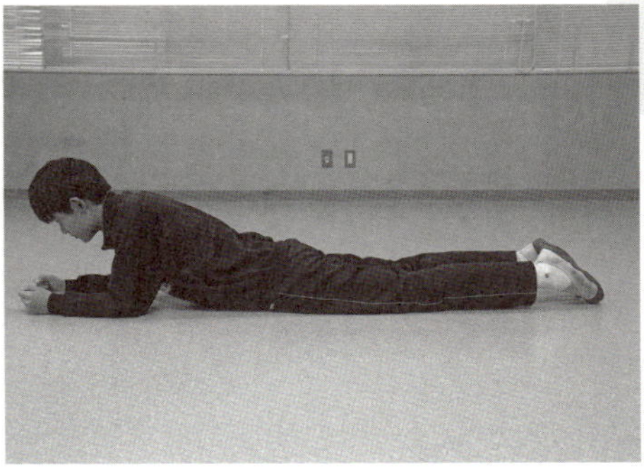

①肘をついて腹這いになる。

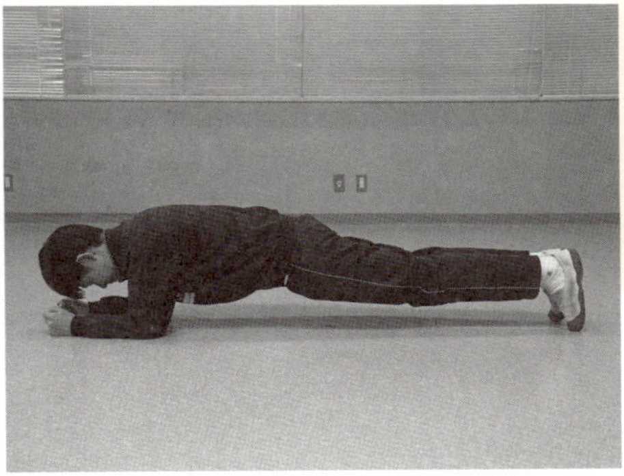

②お腹を床から上げ、膝も浮かせます。この姿勢を1分間保つ。
これを2～3回繰り返す。
お腹に負荷がかかっていることを意識しましょう。
腰を上げ過ぎないように注意します。

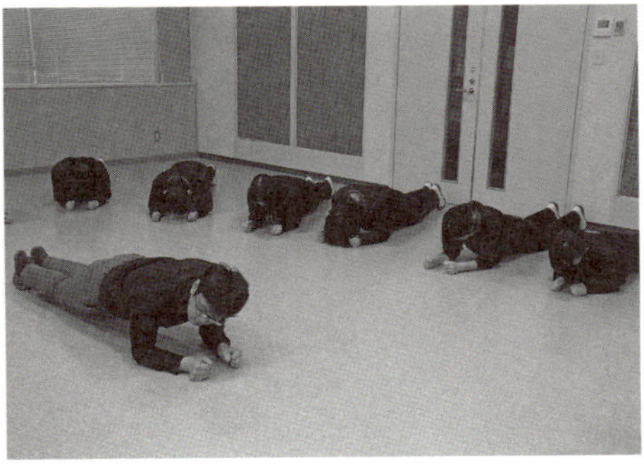

③全員で息を合わせながらお腹を床から上げて、膝も浮かせてそのままの姿勢で1分間保ちます。
きついと感じるメンバーがいたら1分間の中で、20秒やって10秒休む、また20秒やって10秒休む、と差をつけるのもよいです。
全員がきついと感じるなら30秒から始めてもよいでしょう。

**まとめ**

**ステップアップのために これだけは心がけよう!!**

①からだを傷めない。
②からだに無理をしない。
③自分の体質、体力に合ったレベルでの筋トレを行う。

コツ 5

# 肺活量を上げるための呼吸法をマスターしよう！

体力を維持することはもとより、長いセリフを言いきるためにも欠かせないのが肺活量です。肺活量を上げるためには「腹式呼吸」の練習が最適です。その練習法は立った状態でも座った状態でも、あるいは寝た状態でもかまいません。

## ポイント 1 腹式呼吸法をマスターする

練習は立った状態でも座った状態でも構いません。まずは背筋を伸ばし、肩の力を抜いてリラックスの状態で行います。お腹に手を当て、体が丸まらないように背筋でしっかり支えましょう。この状態で、鼻から吸って口で息をゆっくりフーっと最後まで吐いていきます。このとき、くれぐれも肩が上がらないように。そうすると、息を吐いていくにつれ、だんだんお腹が緊張していきます。ここで緊張した筋肉こそが鍛えていくべき筋肉なのです。

### ワンポイントアドバイス

からだをリラックスさせて、吸って止めて吐くことを繰り返しましょう。

## ポイント 2 リーダーの掛け声で腹式呼吸を行う

順番は、リーダーが①手を叩いたらゆっくり鼻から息を吸う　②次に手をたたいたら止めてその状態を維持　③もう１回手を叩いたら「スーッ」とゆっくり吐く。ここで大切なことは、手が叩かれるまでは、肺がいっぱいになって吸えなくなっても、空気を吸おうっていう意識を持つことです。このことを2セット程度繰り返しましょう。ゆっくり吸ってゆっくり吐くのと、早く吸って早く吐くというのを行います。これが呼吸法訓練です。

## ポイント 3 リラックスしにくい場合は、寝て行ってもよい

腹式呼吸は、慣れないうちは寝てやってみるのも有効な方法のひとつです。なぜならば、からだがリラックスした状態で行うことが大事だからです。慣れないと変にからだに力が入ってしまいがちです。特に吸おう吸おうと頑張ると、肩に力が入ってしまいがちです。そうすると逆に肺に空気が入らなくなってしまうため、とにかくリラックスをして、吸って止めて吐くことを繰り返しましょう。

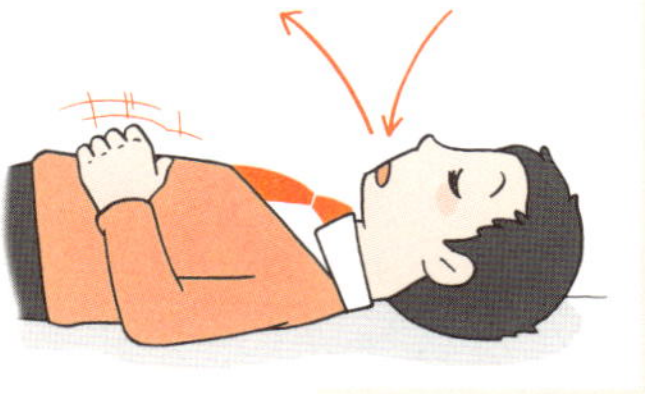

### まとめ

**ステップアップのために
これだけは心がけよう!!**

①腹式呼吸を行う際は、お腹に手を当て、体が丸まらないように背筋でしっかり支えましょう。
②リーダーの掛け声で腹式呼吸の練習を行いましょう。
③慣れないうちは寝てやるのも有効な方法のひとつです。

コツ 6

# 声の音量を高める発声法をマスターしよう!

日々の基礎練の中で、発声練習は特に欠かせないメニューの一つです。これは、前項の呼吸法の練習と合わせて行うことよいでしょう。この練習を通じて向上させたいのが「声量のアップ」と「滑舌の向上」です。なお、「滑舌の向上」については次項で詳しく述べます。

## ポイント 1 鼻から息を吸い、吐くときには喉を鳴らす

鼻から息を吸います。そして吸い終わったら一度息を止めます。次に吐くとき「うー」と喉を鳴らしながら発声します。これによって、普段無意識で行っている呼吸や、同じく無意識に働かせている声帯自体に意識を向け、それらの機能をより高める効果が期待できます。

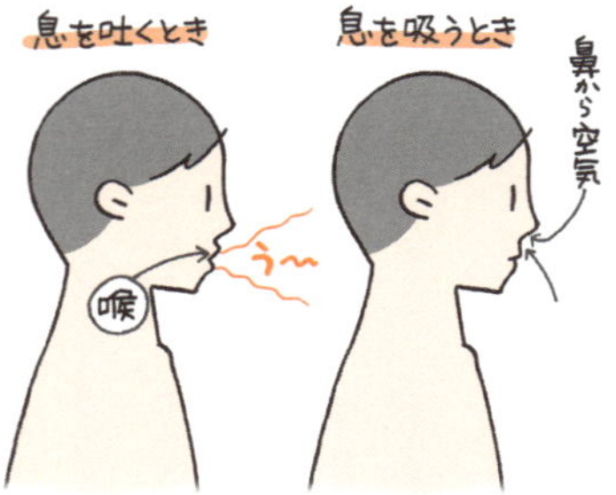


### ワンポイントアドバイス

「クロスステップ」では、両腕を平行にまっすぐ保ちながら行うのが大事です。そのこと自体は肩の筋力やからだ全体の体力を養うことにも役立ちます。

## ポイント2 スタッカートで一音一音区切って出す

スタッカート（staccato）とは、音と音との間を切って、歯切れよく演奏することを表わす音楽の言葉。五十音の発声練習法を、一音一音区切って声を出す練習をやってみましょう。
「あ・え・い・う・え・お・あ・お」「か・け・き・く・け・こ・か・こ」「さ・せ・し・す・せ・そ・さ・そ」……。時間に余裕があれば、わ行まで。なお、これを「あー・えー・いー・うー・えー・おー・あー・おー」……とロングトーンで行うのもよいでしょう。ロングトーンの際は、リーダーが手拍子をして一定の間を取りながら行うとよいでしょう。

## ポイント3 クロスステップで瞬発力のある発声を

発声する上で、瞬発力をつけるために「クロスステップ」という練習法があります。これは、からだを動かしながら発声するエクササイズです。ベースになるのは五十音での発声で、軽く垂直にリズミカルに飛びながら、両腕を平行に保ちながら行います。具体的には、「あ」のときに、肩幅より大きく両足を開きます（大の字）。「え」で足をクロスさせます。次に「い」で再び大の字になり、「う」で、最初にクロスした足の形（例えば、右足が前で左足が後ろ）であれば、その逆にクロスします。これを1セットとして、繰り返していきます。からだの準備運動にもなって効果が期待できるものです。

### まとめ

**ステップアップのためにこれだけは心がけよう!!**

①練習によって普段無意識で行っている呼吸や、無意識に働かせている声帯自体に意識を向けよう。
②五十音の発声練習法は基本。毎日続けよう。
③からだの準備運動としても有効な「クロスステップ」も毎日欠かさず実行しよう。

コツ 7

# 滑舌をよくするための練習法をマスターしよう！

役者の活舌の良し悪しは、その演劇全体の質を落としかねない重要な要素です。特に台本の中に普段口にしない言葉や言いにくいセリフがあった場合、常日ごろからの練習の成果が試されます。本項で効果的な練習法をマスターしましょう。

## ポイント 1 活舌が悪くなる原因を理解する

活舌が悪くなるのは、特に①言い慣れていない言葉や②言いにくい言葉を発するときにありがちですが、そのほかにも、③口の形がしっかりとれていない。つまり、口の中だけで話そうとすることや、④言葉を届けるべき相手に向かって発していない（声が相手に届いていない）ということも、活舌の悪さにつながっていきます。そうしたことのないように、日ごろから、さまざまな物事への表現を意識して口にすることや、話す相手に対して確実に声が届けられるように心がけましょう。

【活舌が悪くなる主な原因】
・言い慣れていない言葉
・言いにくい言葉
・口の形がしっかりとれていない
・声が相手に届いていない

**ワンポイントアドバイス**

発音する際は、日ごろより正しい口の形をとることが大切です。正しい口の形がつくれない人は、それが身につくまで練習しましょう。

## ポイント2 活舌を滑らかにする練習のポイント

正しい口の形をとりながら、ゆっくりと発声しながら行うとよいでしょう。特に、言いにくい「サ行」をしっかりと発音するためには、大きく唇を動かして発音することが大切です。その際、唇の周りの筋肉（表情筋）が動いていなければ、明瞭な発音はできません。したがって、日ごろから表情筋を鍛えて、一音一音が区切られた明瞭な発音ができるようになりましょう。

## ポイント3 口の周りの表情筋を鍛える方法

表情筋は、口だけを動かす筋肉ではありません。この筋肉の働きは、目や口、鼻などを動かす20種類以上の筋肉の総称です。口の周りの筋肉とは「口輪筋（こうりんきん)」のことを言います。口輪筋を鍛えるには、口の中で舌を回す方法や口笛を吹くときのように、口をすぼめる動作を意識的に繰り返したり、ペットボトルを唇でくわえて、口輪筋の力で持ち上げたりするなどの練習方法があります。

### まとめ

**ステップアップのために**
**これだけは心がけよう!!**

①日ごろから、さまざまな物事への表現を意識して口にしよう。
②話す相手に対して確実に声が届けられるよう、からだの向きや声量に注意をはらおう。
③口をすぼめる動作を意識的に繰り返すなどして、口輪筋を日ごろから鍛えておこう。

コツ 8

# 指先・つま先までも意識できるようにしよう！

与えられた役柄への役づくりには、台本に描かれた人物を表現する上で、セリフはもとより所作の細かなことまでも気を配らなくてはなりません。それこそ手の指先、足のつま先までも、今の自分の状態はどうか、どのようにからだを動かしたらその役柄としてふさわしい動きができるのか？　本番の舞台に向けて、そうした意識を持つことが大切です。

## ポイント 1 からだに抵抗を感じるエクササイズで手の指先、足のつま先まで意識する

少し肩幅より開いて、リラックスした状態で立ちます。そこからまず右手から上げていきます。そのとき、自分を取り巻く空気がものすごく抵抗してくるようなイメージで行います。まずは右手からいきましょう。次に左手です。今度は右手を下げながら左手を上げていきます。次に上半身、下半身と動く範囲を大きくし、歩いたり座ったりしてみましょう。指先・つま先まで空気の抵抗を感じながら意識して動くとスローモーションのような動きになります。

### ワンポイントアドバイス

「歩く」「話す」といった人間が無意識にできる行為を意識的にやることです。

## ポイント 2 ポイント1でやったことを発声をしながらやってみる

次に、【コツ7（活舌）】で紹介した「五十音」を声に出して言ってみましょう。口を動かすことにも空気の抵抗してくるイメージで行います。ここでのポイントは、からだへの意識のあり方を自覚することです。多くの人は、声を出し始めた途端、特に下半身に対する意識が薄くなりがちです。たとえば、右手と左手を交互に出して歩いていた人が、右手と右足が一緒に出ていたり、つまずきそうになったりしがちです。これは、いろいろと考えることが増えて注意が散漫になるからです。

## ポイント 3 からだへの自覚を持つことが大切

役者としては、からだの隅々まで意識をもっていなければならないのですが、実際はセリフを言っているときは、感情が入れば入るほどからだへの意識はおろそかになります。自分は感情をこめているのでうまくいっていると思いがちですが、からだの無自覚（あるいは無意識）が全てを台無しにしてしまいます。そうならないためには、自覚を持つことが大切です。

**まとめ**

**ステップアップのためにこれだけは心がけよう!!**

①イメージを使って自分のからだの隅々を感じてみよう。
②どのような状態のときに、自分が、からだへの意識（注意）が薄れるのかを自覚しよう。

コツ 9

# 「伝える力」を高める交流系シアターゲームをしよう!

役者として演技力を高めるうえで、大切な要素の一つに「表現力」があります。表現力とは、言い換えれば「伝える力」です。すなわち、演技力＝伝える力と言っても過言ではありません。本項ではその伝える力を高め合うための効果的な方法を紹介します。

## ポイント 1 伝える力を高める「イメージボール」

このエクササイズは、投げ手がボールをイメージします。ボールであれば何をイメージしてもいいです。野球のボールやバスケットボール、もっと大きなボールでもいいです。それを誰かに向かって、重さや大きさをイメージしながら投げます。一方の受け手は、投げ手が思い描いたボールの大きさや重さを推量しながら、描かれるであろう放物線をイメージしながらそれを受け取ります。そして今度は、受け手が投げ手に替わり、その大きさや重さを自分なりにイメージして変化させて相手に向かって投げます。とにかく、さまざまなイメージを持って、ボールを投げる、受け取る、次の人に渡していくということを繰り返していきます。このエクササイズのポイントは、いかに自分のイメージを相手に伝えていくかにあります。

**ワンポイントアドバイス**

・イメージボールでは、投げ手は相手に必ずアイコンタクトをとって投げてください。
・ミラーリングでは、プレーヤーはできるだけゆっくりと動いて自分の動きを鏡役に伝えてください。

## ポイント2 からだで伝える力をつける「ミラーリング」

からだの動きを伝える側（プレーヤー）とその動きを真似る側（鏡役）の2人組のペアになります。このエクササイズは、伝える側は対面の相手（鏡役）にいかに上手く自分の動きを伝えられるかという「伝える」ことの練習になるものです。

例えば、伝える側が後ろを向いてしまったら、相手には見えなくなります。それをしないように、しっかりと相手に見える動きをすることが大切です。しかし、だからと言って、相手にとって難しい動きをしていいかというとそうではありません。自分だけができることをやらないことも大切です。つまり、相手が真似できる動きをすることがポイントとなります。また、真似する側（鏡役）も、相手をよく見て、できることをしっかりやっていくことが大切です。

練習方法：①まず、2人ペアになります。→②じゃんけんなどで最初のプレーヤーを決めます。→③プレーヤーが表情を動かしたり、からだを動かしたりします。→④それを相手（鏡役）が鏡になったつもりになって、同じ表情や動きをしていきます。

**まとめ**

**ステップアップのために**
**これだけは心がけよう!!**

①イメージボールの投げ手は、受け手にいかにイメージを伝えられるかが大切。
②プレーヤーは自分だけができることをやらないことが大切。
③鏡役は、よく見る、細かくしっかりと見ていくということを心掛けて真似する。

コツ 10

# 全員の「反射力」と「リズム感」を高めるテンポ系シアターゲームをしよう!

複数のメンバーで演じ合う演劇では、特に本番の上演中、思いがけないさまざまな事態に遭遇したり、トラブルが発生したりすることがあります。観客を前にして、そうした事態に遭遇したとき、個々が即座に対応できる力と全体が一丸となって対処する「反射力」と全員の「リズム感」を常日ごろから養っておくことが大切です。

## ポイント 1 全員で「反射力」を高めながらひとつのハーモニーをつくる

「反射力」と「リズム感」を高めるのに最適な練習法として「チクタクボン」があります。これは、メンバー全員で輪になってやります。「チク」も「タク」も「ボン」も言う順番はありません。左手が「チク」、左隣の人に渡ります。右手が「タク」、右隣の人に渡ります。「ボン」両隣以外の離れた人に渡ります。メンバーのひとりだけが目立つような大声での行為はNGです。全体のハーモニーが大切です。

〈ゲームの流れ〉

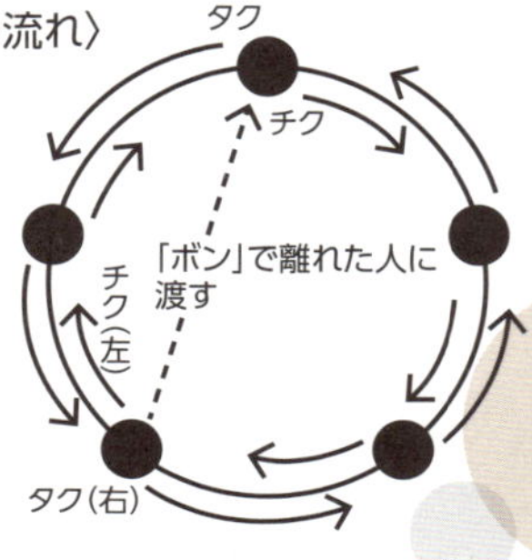


### ワンポイントアドバイス

チクタクボンは、リズムを乱さないことが大事。メンバーのひとりだけが目立ちたいために「ボーン!!」と大声を出すなど、全体のリズムを乱すことがないようにしましょう。

①チク

②タク

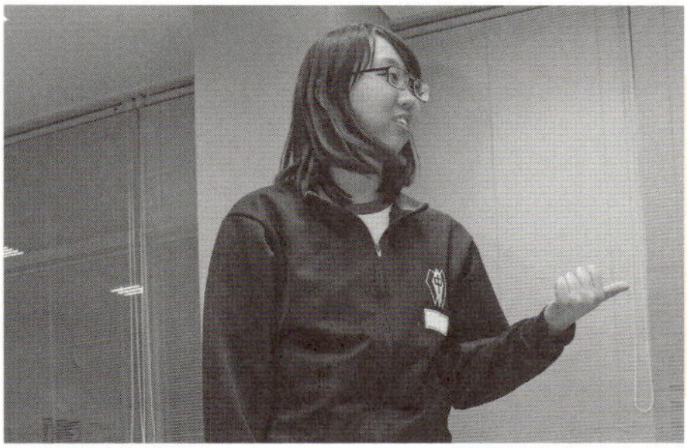

③チク

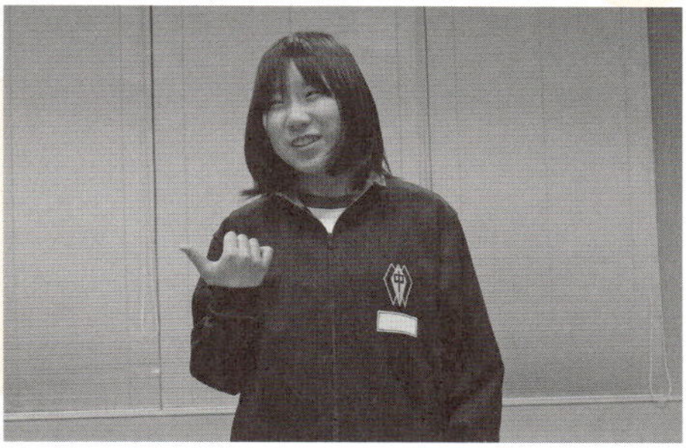

④タク

⑤最後に指された人がボンと言い、次のチクタクボンの起点を指名します。
これを複数回繰り返します。

## まとめ

**ステップアップのために**
**これだけは心がけよう!!**

①チクタクボンは、全員の息が合う（リズムができる）まで続ける。
②ひとりだけ目立つような行為をしない。
③自分に番が回ってきたら即座に反応する。

コツ 11

# 全員の「反射力」と「集中力」が高まるテンポ系シアターゲームをしよう!

前項で述べたように、複数のメンバーで演じ合う演劇では、個々が即座に対応できる力（反射力）と全体が一丸となって対処する上で、「リズム感」を高めることが大切です。本項では、それらの力を高める上で基本となる個々のメンバーの「集中力」を高める練習ゲームを紹介します。

## ポイント 1 個々のメンバーの集中力が高まる「ピンポンパンヒュー」

反射力と個々人の集中力を高める練習法に、「ピンポンパンヒュー」があります。これも、同じ輪になって行う練習ゲームです。

方法は、スタートの人が、まず、「ピン」と言います。「ポン」も「パン」も今度は指された人が言います。指す方向は時計回りというルールではありません。「ピン」と言って誰かを指したら、次に、「ポン」と誰かを指します。同じように、指された人が「パン」と言って誰かを指します。そこで指された人の両隣の人が「ヒュー」と言ってジャンプします。

### ワンポイントアドバイス

ゲームが苦手、という人もいます。うまくやる事よりも「全員でひとつのことをやる」意識で取り組むとよい場の雰囲気と各メンバーの集中力が高まります。

①ピン（誰かひとりを指す）

②ポン（指された人が次に誰かを指す）

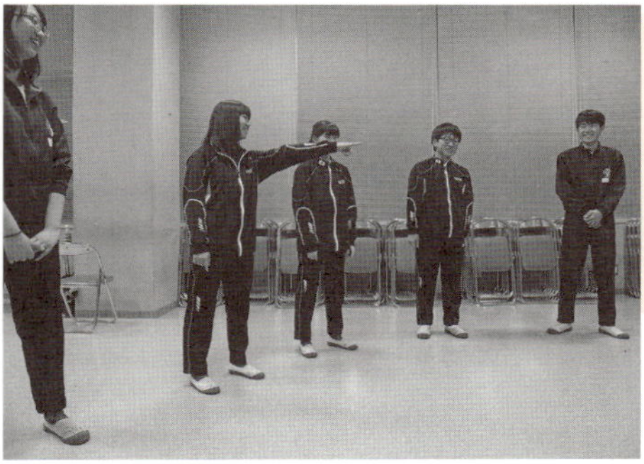
③パン（指された人が次に誰かを指す）

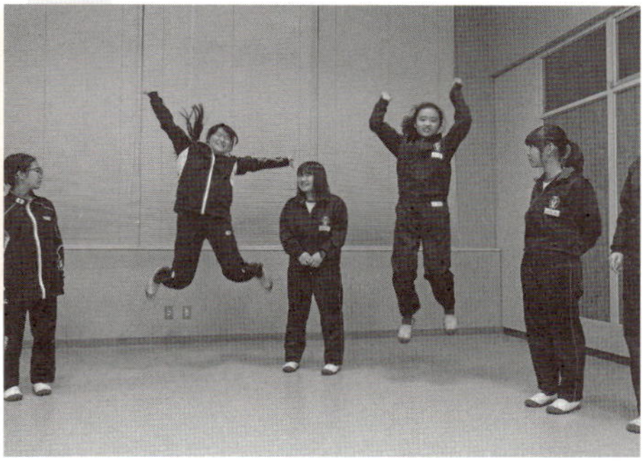
④ヒュー（パンで指された人の両隣の人が「ヒュー」と言ってジャンプする）

ここで、「パン」で指された人は何もしてはいけません。一緒に飛んでしまったらアウトです。これも反射神経を鍛えるのに有効です。このように、「ピン」「ポン」「パン」「ヒュー」、「ピン」「ポン」「パン」「ヒュー」とテンポよく、その輪になったグループでどんどん回していきます。

## まとめ

**ステップアップのために これだけは心がけよう!!**

①ピンポンパンヒューも全員の息が合う（リズム感ができる）まで続ける。
②テンポよく「ピン」「ポン」「パン」「ヒュー」と回していこう。
③「パン」で指された人は、つられて思わず飛ばないように！

コツ 12

# 「空間把握力」を高める空間把握系シアターゲームをしよう!

本番の上演中は、舞台の上で自分や自分以外の共演者の、誰がどこに居るかを把握できる位置取り感覚を持つことが大切です。そのためには日々の練習から「空間把握力」を高め、舞台での「位置取り」感覚を磨きましょう。

## ポイント 1 なぜ空間把握力を高めることが大事かを理解する

このことができていないと、客席から見て自分が誰かの陰に隠れていることに気づかずに演技をしてしまう、あるいは、自分が気づかずに共演者を隠していたということもあります。自分の背中の後ろに誰がいるか、横に誰がいるか、舞台全体を把握し、目で見えないところまで意識を張っていくことが大切です。常に自分が観客から見えやすい位置にいられる感覚を、空間把握力を高めることによって身につけていくことが大切です。

右側の役者さん
ときどき手前の
役者さんにかくれて
見えづらいわ…

### ワンポイントアドバイス

鬼に肩を叩かれたくなければ、周りの人との距離をいかに保つかがポイントとなります。
自分の位置取りをどうするか、これは舞台にも通じることなのです。

ポイント2
# 空間把握力を高める「名前鬼」ゲーム

「名前鬼（なまえおに）」は、空間把握という目的で行う練習ゲームです。やり方は、部屋の中にみんなが散らばって、スタートの鬼になる人が手を挙げて「はい」と言って誰かを追いかけ(このとき、早歩きまでとし、走るのはNGです)、その人が鬼に肩を叩かれたら終了します。追われる人は、肩を叩かれる前に次の鬼を指名します。指名された人は「はい」と言って鬼になり、誰かを追いかけてその人の肩を叩こうとします。追いかけられた人は鬼に肩を叩かれる前に、新たな鬼を指名します。こうして鬼ごっこが繰り返されるゲームです。

①最初の鬼が手を挙げながら「はい」と言って誰かを追います。

②追われた人は肩を叩かれる前に誰かを鬼に指名します。

③指名された人は手を挙げて「はい」と言って鬼になって誰かを追います。

④追われた人は肩を叩かれる前に誰かを鬼に指名します。
これを繰り返します。

**まとめ**

**ステップアップのためにこれだけは心がけよう!!**

①自分の背中の後ろに誰がいるか、横に誰がいるか、目で見えないところまで意識を張っていくことが大切。
②常に自分が観客から見えやすい位置にいられる感覚を、空間把握力を高めることで身につけよう。

コツ 13

# 全メンバーで演劇チームの全体感を高めよう!

共演者は、ともに舞台を成功へと導く上で大切なチームメイトです。日々の練習に励む上で最も大切なことは、お互いに気持ちをひとつにするために、メンバー全員による演劇チームの全体感を高めることです。本項では、そうした全体感を高める上で有効な「イエス＆（and)」精神を高める練習ゲームを紹介します。

## ポイント 1 なぜ「イエス&（and)」の精神が大切なのかを理解しよう

「イエス＆（and)」の精神とは、他人から何か言われたことに対して、否定的、消極的な反応をするのではなく、「いいね！（そのアイデアに何かをプラスして）じゃあこうしよう！」といった、相手の提案に対して「イエス」を出して、それに追加をしていくという精神です。では、なぜそのことが大切なのでしょうか？演劇づくりの場では、提案しやすい雰囲気づくりも必要です。「否定されたらイヤだな…」と意見を言えない人もいます。またせっかく提案しても否定してしまうとそれ以上進めません。提案されたことのよい点を見つけ、さらに提案を加えていく、建設的な場にすることが大切です。

### ワンポイントアドバイス

何かもらったものにイエスを出し、それに自分の何か（意見やアイデア）をプラスしていく。まず常日ごろからそのような気持ちを持ちましょう。

## ポイント2 全体感を高める「イエス&（and）」ゲーム

具体的な方法としては、スタートで誰かが、「何々しようぜ！」と言います。それに対して全員が、「いいね！」と言って、それに関して演じることです。たとえば、「ピクニックしよう！」と言ったら、「いいね！」と言って、即興でピクニックをします。そしてその最中に、他の誰かが何々しようと言ったら、「いいね！」と言って、今度はその提案に関して演じるのです。その場にいる全員でひとつの場をつくればいいので、その中で自由に想像して遊びます。演技の対象は、何になっても構いません。リュックを背負っている人でも、リュックの中のお弁当になってもいいのです。

①まずはスタートの提案をする。それを聞いたメンバーは全員で「いいね！」。

②個々が思い思いに演技をする。
このことは【コツ15・16（エチュード）】や【コツ22（メンバー同士の対話）】にもつながります。ご参照ください。

### まとめ

**ステップアップのために これだけは心がけよう!!**

①「イエス&（and）」精神を高める練習ゲームで全体感を高めよう。
②その場にいる全員でひとつの場をつくりながら、個々のメンバーは自由に想像して遊ぼう。

コツ 14

# 自分の引き出しを増やすために「1分間スピーチ」をしよう!

舞台に立つ役者としては、自分がいざ人前でセリフを言ったり、与えられた役柄での動作をしたりするときに、観客からどう見られるのかを意識しなければなりません。また同時に、自分では気づいていない癖なども自覚することも大切です。

## ポイント 1 スピーチの意義を理解しよう

予めテーマを設定して話し手にスピーチしてもらっても、テーマ設定なしの自由な内容でスピーチをしてもらってもいいのです。この「1分間スピーチ」の目的は、①1分間の中で何を伝えていくか、いかに話をまとめるかという練習になることと、②聴く人は、その話し手にはどのような癖があるかという意識で見ながら話しを聴き、あとで本人にフィードバックする役割があります。

【スピーチを聴くときのポイント】
・話し手にはどのようなからだの癖があるのか
・話し手にはどのような表現の癖があるのか
・話し手にはどのような心（ポジティブかネガティブか等）の癖があるのか
・話し手にはどのような発声上の癖（どんなときに早くなり、遅くなるのか）があるのか‐など。

### ワンポイントアドバイス

聴き手つきのスピーチの時間は、1分間ではなく、多少長めにとってあげるとよいでしょう。

## ポイント 2 本番中の会話力（リアクション力）を鍛えるためにも有効

1分間スピーチの実施方法は、まずはポイント1で説明した方法で行います。それが終わったら、今度はその1分間スピーチで話した内容と同じ内容を再びスピーチしてもらいますが、今度は、あえて、リアクションする聴き手をつけて行います。その聴き手は、そのスピーチの内容に共感したり、疑問を感じたりすると、あいづちやスピーチの途中でも質問をしていきます。話し手は、1度話した内容ですので、何を話していくかがわかるのですが、質問に答えていくと1分では終わらなくなったり、あるいは、違う話しをしたりします。このエクササイズでは、スピーチの内容をお芝居でのセリフと見立て、共演者からの反応にどう対応していくか、その会話力（リアクション力）を鍛えるためにも有効です。

## ポイント 3 スピーチを聴いている人は、その人の癖に注意してフィードバックする

特に人前でスピーチするときに無意識に出る特徴を、自分自身が把握しておくことは大切です。たとえば、かなり身振りがつく、重心が傾く、好きな話題になると非常に早口になったり声が大きくなったりするなど、本人が気づいていないことを自覚する機会になります。また、誰かの特徴を役づくりに取り入れることも可能です。聴き手は、話し手について感じたこと、思ったことを必ずフィードバックしましょう。

**まとめ**

**ステップアップのために これだけは心がけよう!!**

①日ごろから、いかに話をまとめるかという練習をしておこう。
②聴き手は、話し手の癖に注意してフィードバックをしてあげよう。
③話し手は、聴き手からどんどんと質問をもらうようにすると会話力が鍛えられる。

コツ 15

# 創作力を養う「エチュード」をしよう(その1)!

「エチュード」とは、台本のない「即興劇」のことを言います。場所や人間関係だけを決めてそれ以外は制約のないフリーエチュードが一般的ですが、本項では、物語を創作する力を養う上で役に立つ2種類のエチュードを紹介します。

## ポイント 1 空間を知り、そこから物語を創ることの大切さを理解しよう!

「空間」を知って、そこから物語を創るというのは、例えば自分たちのいる練習場所や毎日よくいるような場所であれば、どこに何があるかがたいていわかります。しかし、それをもっと細かく、いろいろと見てみます。「このパーティションの素材って何だろう?」「これは布だな」「このテーブルの手触りってどうだろう?」「このイスのここに傷があるな」

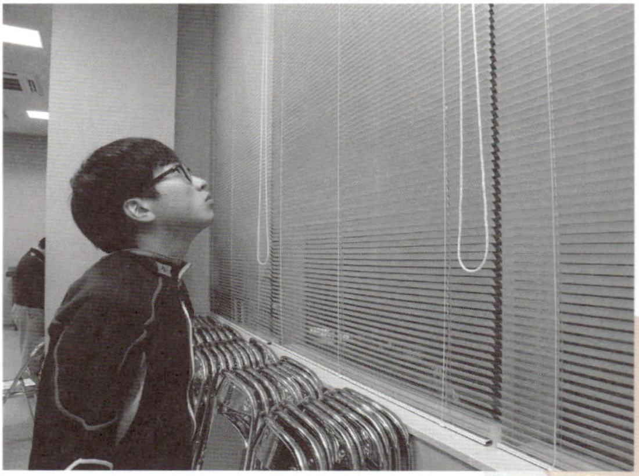

**ワンポイントアドバイス**

4つのテーマをすべて1人が演じてしまうことのないように、チームメンバー1人がひとつのテーマを演じるようにしましょう。そのためには、予めルールを設定しましょう。

「このブラインドはここにシミがあるな」など、いろいろ細かく見て、さらにより具体的にその空間を知っていきます。そのように、気になった所をどんどん見ていきます。次に、そこから少し想像力を働かせ、たとえば、イスに傷がついたときのエピソードや、このテーブルのもとで行われた会話等を想像してみて、エチュードをします。空想でOKです。

## ポイント2 4つのテーマを決めて、あとはチームみんなで自由に創作しよう

エチュードの方法として、2人以上のメンバーがいればできますが、ある程度の人数がいれば、まずは複数のチームをつくります。最初に演じるチームとは別のチームに、テーマとして「最初のセリフ」「動き」「感情」「最後のセリフ」の言葉を挙げてもらいます。たとえば、「最初のセリフ→今日は寒い」「動き→大の字で寝る」「感情→悲しくて泣く」「最後のセリフ→やっぱ牛乳だね！」というように、それこそ思いつきで黒板やホワイトボードに書きながら言葉を挙げてもらいます。演じるチームは、それで即興劇をします。４つのテーマワードが繋がっている必要はありません。むしろバラバラの方が望ましいです。その最初のセリフと最後のセリフから、そのチームがどのような物語を創造していくか、まさに想像力や創作力、そしてチームワーク力を高めることのできる練習となります。

### まとめ

**ステップアップのために これだけは心がけよう!!**

①普段よく見る慣れた場所でも、いろいろ細かく見て、さらにより具体的にその空間を知っていこう。
②詳細に見て、何か気づくことがあったら、そのことについての物語を創作してみよう。

コツ 16

# 創作力を養う「エチュード」をしよう（その2）！

エチュードをするには、さまざまな方法がありますが、ここでは「スペースジャンプ」という種類のエチュードの練習方法を紹介します。

## ポイント 1 物語を創作する力を養う練習ゲーム「スペースジャンプ」をしよう！

行う方法としては、まず、メンバー間で順番を決めます。何かのテーマ（たとえば、「庭の掃除」「放課後の屋上」「野球」など何でもOK）を決めて1対1（2人）で「エチュード」を行います。その途中で、3番目の人が「パン」と手をたたきます。そうすると、今、「エチュード」をしている2人はその姿勢でストップをします。その、ストップをしているどちらかと手をたたいて止めた人が、同じポーズで交替します。そして、ストップした動きから違うものを連想します。まさに、スペース（空間）をジャンプします。そこからは、前の人のポーズから自由な発想で自分なりのストーリーを展開していきます。持っていた箒（ほうき）がバットに変わったり、土下座して謝っていたのがお腹痛くてうずくまっている動作に変わったりします。また、右・左の順番は問いません。ストップしている2人を見て、思いついたポーズをしている人と変わればよいので前に交替した人と同じ人と交替しても可です。

**ワンポイントアドバイス**

とにかくいろいろ自由に動いて演じてみることです。動きがないと交替できないのでオーバーアクション気味に楽しみましょう。

①まずはテーマに沿った動きを２人でしていく。

②３番目の人が「パン」と手をたたいた後で、ここでは右のメンバーが交替する。この後、３番目の人は、交替したメンバーと同じポーズをとり新しく入ったメンバーの一言からエチュードを始める。

③次に４番目のメンバーが「パン」と手をたたき、ここでは左のメンバーと入れ替わる。この後４番目の人は、交替した左のメンバーと同じポーズをとるところからエチュードを始める。

④さまざまにメンバーが交替しながら、エチュードを続けていく。

⑤ここでは左のメンバーが交替。その前のメンバーと同じポーズから始める。
これを人数分続ける。

## まとめ

**ステップアップのために**
**これだけは心がけよう!!**

新たに交替した人は、ストップした動きから違うものを連想し、自由な発想で自分なりのストーリーを展開しよう。

コツ 17

# 台本(テキスト)を使った基礎稽古をしよう!

台本(テキスト)は本番のためだけに存在するものではありません。
演劇力をUPさせるために、いろいろな台本を使った練習をしてみましょう。ここでは、その際のポイントをお伝えします。

## ポイント 1 セリフを読み上げるだけでなく相手を意識する

台本を使う際、ともすると台本を見ながら、そこに書かれた字を追って、ただ単に音読してしまうといったことになりがちです。そうした練習では、演劇に大切な表現力を磨くことにはなりません。また、台本を見ながらだと、どうしても相手のセリフを事前に知ってしまうために自然なリアクションにはなりません。演技の力をつけるためには、一度台本から離れて、相手のセリフ（＝言葉）をしっかり聴いて受け止めることを意識してみましょう。

相手役

## ポイント 2 年齢、性別、肩書など固定概念にとらわれずに演じる

今ある立場やすべての条件を一度クリアにして、固定観念にとらわれることなく役割を演じることが大切です。たとえば、後輩だから年下の役であったり、男性は男性の役であったり、女性は女性の役しかやらないというのではなく、メンバーの一番年下がお父さんやお母さんの役をしたり、今までやったことのない、一見イメージに合わない役などをあえて演じてみるということをしてみましょう。また、一つの台本で配役を順番に回して変えてやってみるというやり方もおすすめです。

## ポイント 3 相手から受け取るものを大切に

たとえ台本を使った決められたセリフであっても、それを演じるときには人それぞれが違います。大切なことは、演技の相手役がいる場合、その相手がセリフを発したときに、相手が話している様子や相手のそのときのテンションなどを素直に受け止め、その上で受け取り方をいろいろと試してみましょう。たとえば、受け取り方の違いを感じるために、あえてこちらが発する感情を変えてセリフを言ってみましょう。たとえば、怒りっぽい人、おとなしい人、元気に言ってみようなど。それを受け取った相手から発せられる感情もきっと変わるので、こちらもそれを大切に受け取りましょう。最初に正解のイメージがあってもあえて試すことで、こんな読み方もあるんだな、このセリフはすごく怒っているように聞こえるけど笑って言う言い方もあるんだなとか。ともすると私たちは固定概念で物事を見がちです。そうならないように、とらわれることなく自由な観点でセリフを試してみましょう。

**まとめ**

**ステップアップのためにこれだけは心がけよう!!**

①セリフを読み上げるだけでなく相手を意識する
②年齢、性別、肩書など固定概念にとらわれずに演じる
③相手から受け取るものを大切にする

コツ 18

# 台本（テキスト）から最初のサブテキストをつくろう！

**演劇においては、上演する物語の筋書きとなる台本（テキスト）をどう読みこなし、与えられた役柄（キャラクター）を演じていくかが大切です。そこには、たった一言の短いセリフであっても、複雑な心情が込められていることもあります。そうしたテキストの文章だけではわからない心情的な部分をどう表現していくのかが大切です。**

## ポイント 1 サブテキストを書こう

台本（テキスト）の内容には、大きく２つの構成要素があります。それはセリフ（台詞）の部分とト書（とが）きの部分です。ト書きとは、セリフの間に、その役者のしぐさや動き、照明や音響などの演出を説明したり指定したりした文章のことを言います。ひとつのセリフにも、その言葉の裏にはさまざまな感情や心情が隠れています。台本には、セリフとして役者が発する言葉や、演出を説明あるいは指定するト書きが書かれていたとしても、そのセリフとセリフ、セリフとト書きの間にある葛藤や衝動をどう解釈するかが大切です。そこが「サブテキスト」となる部分です。役づくりをする上で大変重要です。テキストを読み込む際に、セリフとセリフの行間にサブテキストを書くか、あるいは、別のノートに書き記しておくとよいでしょう。

### ワンポイントアドバイス

サブテキストはその人にしかつくれないものです。オリジナリティを出していくためにもあなたなりのサブテキストをつくりましょう。

ポイント

## 2 サブテキストこそがオリジナリティを生む

たとえ同じ言葉でも、その場のシチュエーション（状況）や心情の違いによってそのときの感じ方が違ってきます。
たとえば、朝、知り合いを見かけたときに「おはよう！」とあいさつしたとします。言った方は、相手から気持ちよく笑顔で「おはよう」と返してもらうことを期待して言うこともあるでしょうし、その相手は嫌いだけど無視するわけにはいかず、習慣的に言うこともあるでしょう。どちらの気持ちも人としてはあるわけで、こうでなければいけないという正解はありません。そこの正解のない部分、そのことが特にテキストには書かれていないときに、その状況をどう感じて、それをサブテキストとしていかにつくっていくかが、オリジナリティであり、自分たちの個性の出し方となります。テキストには書かれていないさまざまな状況・事情を持ち込んでみましょう。

[サンプルテキスト]
場所：放課後の教室
人物設定：AとBはクラスメイト
放課後の教室にAが一人、椅子に座りながら外を眺めている

A……

そこへB、入場

B　あ
A　お
B　……
A　……
B　お疲れ
A　うん
B　帰らないの？
A　ちょっと
B　そっか
A　……
B　……。あ、じゃあ鞄取りに来ただけだから
A　うん、バイバイ

B、退場

➡

放課後の教室にAが一人、椅子に座りながら外を眺めている

注：サブ＝サブテキスト

Aサブ：やばいーバス乗り損ねたー。今日音楽番組見たいから早く帰りたかったのに……どうして肝心なときに限って私はいつもお腹痛くなるのだ……あーテレビ見逃した……あー無力……お腹減ったなぁ……ご飯何かなぁ……次のバスまでめっちゃ暇じゃん……やばい眠い……

A　……

Bサブ：今日こそAさんに告白しようとバス停先回りして待ってたのに結局現れなかった。
部活は今日ないはずだし図書室にも職員室にもいない何故だもしかして今日に限って今日に限って車で迎えに来てるとか？いや今までそんなこと一度もなかったし。せっかく勇気出したのに今日はもう無理か……どこいっちゃったんだろ……

そこへB、入場
（※以降略）

**まとめ**

**ステップアップのためにこれだけは心がけよう!!**

①セリフとセリフ、セリフとト書きの間にある葛藤や衝動を自分なりに解釈してみよう。
②オリジナリティを出すために、体調や天気・気温などそのときの状況も想像して持ち込んでみよう。

コツ 19

# 1人芝居に挑戦しよう!

1人芝居では、自分だけが話をしてストーリーを進めていくため、他の役者のセリフや動きによって演技が左右されることがありません。そのため、自分の演技力を客観的に確認することができます。ぜひ1人芝居に挑戦してみましょう。

## ポイント 1 モノローグとダイアローグ

舞台演技には、「モノローグ (monologue)」と「ダイアローグ (dialogue)」という場面があります。モノローグは、１人でセリフを話す場面のことを指します。つまり、共演者との会話がなく、自分だけが話をする場合に使われます。一方、ダイアローグは、２人以上の共演者が互いに話し合う、つまり、やり取りをする場面のことを指します。

モノローグ (monologue)　　ダイアローグ (dialogue)

## ポイント 2　1分間スピーチを生かす

モノローグは、セリフの内容が非常に重要で、その場面の多くは、観客にキャラクターの内面を知ってもらうために行われます。モノローグは、演技力の向上にも役立ちます。
モノローグの内容としておすすめしたいのが、コツ14（P34）で紹介した1分間スピーチの内容です。
そこで話した内容を「1人芝居」にアレンジして演じてみてはいかがでしょうか。
また、そこから発展させて、共演者とダイアローグでやってみたり、そのときに自分の心情をアドリブで話してみたりすることもいいでしょう。
このように、基礎練習でやったことをさらにここで生かしてみましょう。

## ポイント 3　自分の身体の隅々、目線の先に見えてくるものまで

1人芝居では、観客の目線が指先、つま先まで見られていることを意識する必要があります。
演技の練習をする際には、コツ8（P22）で述べたように、舞台上での動きや仕草、ポーズ、指先、つま先まで意識して練習しましょう。さらに、出演者がどのような場面での演技なのか、出演者の目線の先に見えているものは何かといったことも観客に伝えなければなりません。たとえば、「朝の通学路を歩く」場面だったら、どのくらいの道幅で交通量がどのくらい、天気がどうなのか、途中に何が見えるのかといった情景をイメージしながら観客に伝わるように演技しましょう。

**まとめ**

**ステップアップのために これだけは心がけよう!!**

①1分間スピーチを生かそう。
②舞台上での動きや仕草、ポーズ、指先、つま先まで意識して練習しよう。
③具体的な情景をイメージしながら観客に伝わるように演技しよう。

# 【参考】演劇部の主な役割分担一覧

※◇→兼務可能な部署
もちろんそれぞれに人が付ければよい。けどほとんどの演劇部・劇団では兼務をしている。
※◆→個別に人員を必要としているけど、工夫次第（例えば音響操作卓が舞台上にある）で兼務可能。部員の人数に合わせて上演可能な方法を考えてみよう。

◆役者
◇演出
　◇演出助手・・・稽古の記録（付いた演出や変更点等）をとったり、全ての部署の手が足りないところをサポートするなんでも屋。

◆音響
　◇プランニング・選曲
　◆オペレーター

◆照明
　◇プランニング
　◆オペレーター
　◆スポット操作

◆舞台監督…劇場に入ってからの責任者。
　◇演出部…本番中に舞台装置の操作（扉の開閉など）や役者をサポートする人員。
　◇舞台美術…本番中は演出部や音響・照明オペレーターなど。
　◇大道具…本番中は演出部や音響・照明オペレーターなど。
　◇小道具…本番中はなるべく小道具担当として袖で待機していたい。
　◇衣裳…本番中はなるべく衣装担当として袖で待機していたい。

◇宣伝美術…チラシデザイン作成や（自主公演の際）ロビー受付の飾り付けなど。

◇制作…下記５ポジションをまとめて「制作部（制作班）」などと言う。
　◇企画
　◇会計
　◇渉外…問い合わせ対応など。
　◇広報…宣伝。
　◇運営（受付・場内案内）

◆映像
　◇映像作成
　◆映像オペレーター

◇振付（ダンス・殺陣）

# 2章

# 上演稽古①
# 準備期間を
# 充実させよう!

コツ 20

# 「稽古カレンダー」で、本番に向けて時間配分への意識を高めよう!

| | | | | | | |
|---|---|---|---|---|---|---|
| 1 | 2 | 3 | 4 | 5 | 6 | 7 |
| 8 | 9 | 10 | 11 | 12 | 13 | 14 |
| 15 | 16 | 17 | 18 | 19 | 20 | 21 |
| 22 | 23 | 24 | 25 | 26 | 27 | 28 |
| 29 | 30 | 31 | 1 | 2 | 3 | 4 |

本番の上演に向かって稽古を始めるとき、無計画に進めようとすると「何となくこの時期から始めて」など、本番まで場当たり的に稽古をしがちです。それではせっかくの稽古が成果につながりません。稽古の開始時期を含めて、その内容には計画性を持ってやっていきましょう。

## ポイント 1 いつまでに何をするかを把握しよう

ひとつの舞台をつくり上げていくためには、さまざまな課題を乗り越えて行かなくてはなりません。そこには計画性が求められます。本番までにあと何回稽古ができるのか、全部で何回あって、今日が何回目の稽古なのか、この時期までに何をして、この日までにどのようなことを終わらせなければいけないのか。それらをメンバー全員が把握しておくため、「稽古カレンダー」を作成しましょう。

スケジュール例
前提：月・火・金・土の週4回、テスト・課題休み期間有、夏休みは平日9時−15時・土9時−12時
部員9名。週2回のみ部活参加できる部員が演出助手として参加

| | | 時間 | 回数 | 役者A | 役者B | 役者C | 役者D | 役者E | 舞台監督 | 音響 | 照明 | 演出助手 | 備考 |
|---|---|---|---|---|---|---|---|---|---|---|---|---|---|
| 6月17日 | 月 | 16時−18時 | 1 | ○ | ○ | ○ | ○ | ○ | ○ | ○ | ○ | ○ | オーディション・役職決定 |
| 6月18日 | 火 | 16時−18時 | 2 | ○ | ○ | ○ | ○ | ○ | ○ | ○ | ○ | × | 台本読み |
| 6月19日 | 水 | | | | | | | | | | | | |
| 6月20日 | 木 | | | | | | | | | | | | |
| 6月21日 | 金 | 16時−18時 | 3 | ○ | ○ | ○ | ○ | ○ | ○ | × | ○ | ○ | |
| 6月22日 | 土 | 9時−15時 | 4 | ○ | ○ | ○ | × | ○ | ○ | ○ | ○ | × | 立ち稽古開始 |
| 6月23日 | 日 | | | | | | | | | | | | |
| 6月24日 | 月 | 16時−18時 | 5 | ○ | ○ | ○ | ○ | ○ | ○ | ○ | ○ | ○ | |
| 6月25日 | 火 | 16時−18時 | 6 | ○ | ○ | ○ | ○ | ○ | ○ | ○ | ○ | × | 第1回衣裝合わせ |
| 6月26日 | 水 | | | | | | | | | | | | |
| 6月27日 | 木 | | | | | | | | | | | | |
| 6月28日 | 金 | | | | | | | | | | | | |
| 6月29日 | 土 | | | | | | | | | | | | |
| 6月30日 | 日 | | | | | | | | テスト期間(部活休み) | | | | |
| 7月1日 | 月 | | | | | | | | | | | | |
| 7月2日 | 火 | | | | | | | | | | | | |
| 7月3日 | 水 | | | | | | | | | | | | |
| 7月4日 | 木 | | | | | | | | | | | | |
| 7月5日 | 金 | 16時−18時 | 7 | ○ | ○ | ○ | ○ | ○ | ○ | ○ | ○ | ○ | |
| 7月6日 | 土 | 9時−15時 | 8 | ○ | ○ | ○ | 遅 | ○ | ○ | ○ | ○ | × | |
| 7月7日 | 日 | | | | | | | | | | | | |
| 7月8日 | 月 | 16時−18時 | 9 | ○ | ○ | ○ | ○ | ○ | ○ | ○ | ○ | ○ | |
| 7月9日 | 火 | 16時−18時 | 10 | ○ | ○ | ○ | ○ | ○ | ○ | ○ | ○ | × | |
| 7月10日 | 水 | | | | | | | | | | | | |
| 7月11日 | 木 | | | | | | | | | | | | |
| 7月12日 | 金 | 16時−18時 | 11 | ○ | ○ | ○ | ○ | ○ | ○ | ○ | ○ | ○ | |

### ワンポイントアドバイス

いつ通し稽古をするのか、いつまでに音響の選曲をしておかなければいけないのか、いつまでに衣裳を全員分そろえておかなければいけないのかなど、本番までには多くの課題があります。ぜひ計画性を持って進めていきましょう。

## ポイント 2 稽古カレンダーのつくり方

一つの例として、横軸に「稽古日付」「稽古の時間」「稽古回数」「各役割（役者、音響、照明、演出助手等）」「備考」の各欄を設け、縦軸は時系列に、各日にちごとに誰が参加か不参加かをわかるようにして、備考欄にどのような打ち合わせや稽古があるのかを記述していきます。こうすることで本番の上演までにやるべきことがすべて把握できる表ができます。特に、学校では試験期間や部活の休み期間があることに注意しましょう。そうした点もスケジュールに盛り込んで、無理のないスケジュールをつくることが大切です。

**【稽古カレンダーをつくる上での必須項目】**
・稽古日付／稽古の時間
・稽古回数
・各役割（役者、音響、照明、演出助手等）
・備考欄（その日の主な予定内容を記載）

## ポイント 3 稽古の時間を考える

稽古はどのくらいの時間をかけてすればよいのでしょうか？
ひとつの目安として次の計算式があります。
上演分が、高校演劇60分（50分という地区もあるようですが）、中学演劇45分だとして
60 × 1,5 = 90(時間)、45 × 1.5 = (約)68(時間)つまり、上演時間(分数) × 1.5 = 全体の理想の時間数となります。それ以上の練習時間があってはいけないというわけではもちろんありません。どのくらいから劇の練習をスタートさせればよいかわからない学校のための目安です。

**【稽古の時間の目安】**
・高校演劇上演時間60分（一部の地域で50分）
→60×1,5＝90(時間)／
　50×1,5＝75（時間）
・中学演劇上演時間45分
→45×1.5＝(約)68(時間)

### まとめ

**ステップアップのために これだけは心がけよう!!**

①稽古は、その開始時期を含めて計画性を持ってやっていこう。
②目安として、上演時間(分数)×1.5＝全体の理想の時間数となる。

コツ 21

# 伝えたいテーマ、メッセージを決めて上演台本を選ぼう!

演じる側も観客側も高い満足を得られるかどうかは、上演台本にかかっていると言っても過言ではありません。しかし何をもってよい台本とするかは主観も入るためとても難しいです。台本自体の良し悪しを議論する前に、「自分たちはこれがやりたかったんだ」と言い切れるよう、まず伝えたいテーマや共感できる登場人物やメッセージなどがあるかどうかを大事にしましょう。

## ポイント 1 台本の探し方

台本の内容は、さまざまなジャンルに分けることができます。台本を探す場合、本であれば複数の作品が掲載されている「戯曲集」を調べてみる、あるいは、インターネットからであれば、複数のサイトがそうした台本を掲載しています。特にネットで台本を探す場合は、戯曲作家による脚本登録・公開サイトや劇団のサイトなどがあり、内容を吟味した上でよく選ぶ必要があります。

【台本の探し方】
・本屋・図書館→戯曲コーナーや店(館)内の検索端末で「戯曲集」「高校演劇」といったワードで検索。
・インターネット→「脚本登録・公開サイト」「戯曲公開している劇団・劇作家のサイト」「(※) 青空文庫」などで検索。
※青空文庫・・・著作権法による保護期間が過ぎたものが掲載されています。
(https://www.aozora.gr.jp/)

### ワンポイントアドバイス

世の中に数多くある戯曲や小説、漫画などの出版物はもとより、楽曲やマスコットキャラクターなど、自分が独自に生み出したもの以外の作品には全て著作権があります。このことを心得ておきましょう。

## ポイント2 共感できる登場人物やメッセージを決めて台本を選ぼう

たしかに、何本も台本を読むのは大変です。しかし、誰かから勧められたから、なんとなく面白そう、役者の人数がメンバーの人数とちょうど合うから選ぶということではなく、時間をかけて納得して選定しましょう。伝えたいテーマや共感できる登場人物やメッセージがある､｢この一言のセリフのためにこの作品はある｣と思えるくらい好きなセリフがある、といった理由があるとベストです。人数が合わなくても1人が複数役をやるなど、演出の工夫で上演できる道はあります。審査員から「何故この台本を選んだの？」と言われて答えられないことがありがちです。自分達が選んだ理由をしっかり持ちましょう。

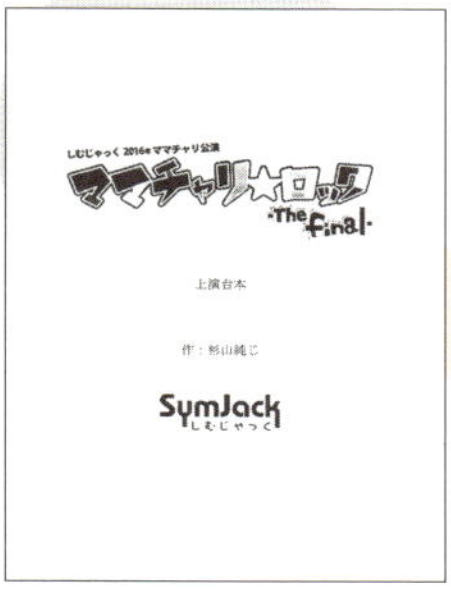
しむじゃっく 2016年ママチャリ公演
ママチャリ☆ロック
-The final-
上演台本
作：杉山純じ
SymJack
しむじゃっく

## ポイント3 著作権を知っておこう

学校のイベント等で演劇の上演や音楽の演奏などを行う場合、掲載の３つの要件をすべて満たす場合には、著作権者の許諾を得ずに演劇の上演や音楽の演奏をすることができます。ただし、著作権者に無許諾で利用できる範囲は、上演、演奏、上映、口述についてのみで、脚本や楽譜のコピーについては著作権者の許諾を得なければなりません。上演申請が義務づけられているのはこのためです。

【学校教育の場で著作権者の許諾を得ずに上演できる3つの要件】
①その上演又は演奏等が営利を目的としていないこと
②聴衆又は観衆から鑑賞のための料金を取らないこと
③演奏したり、演じたりする者に報酬が支払われないこと

### まとめ

**ステップアップのためにこれだけは心がけよう!!**

①伝えたいテーマがあるか（テーマはあえて設定しない等も含め)、自分が全エネルギーをこめて言いたいセリフがあるかなどで台本を選ぼう。
②脚本や楽譜のコピーについては著作権者の許諾を得なければならないことを知っておこう。

コツ 22

# 自分たちで台本をつくるときは、まずはプロットをつくろう!

いざ、自分たちでオリジナルの台本をつくろうとなったときに、勢いにまかせて無計画に書き始める人が多く見受けられます。その際、登場人物の性格が途中で変わっていたり、話しの流れに整合性がなくなることがありがちです。そうならないためにも、まずはプロットづくりから始めましょう。

## ポイント 1 プロットのつくり方

【プロットのつくり方】

1. 作品テーマ、あるいは描きたい内容を決める

「○○制度について」「○○な状況の人々」等。調べたり書いていったりする内にテーマが見つかってくることもあるので漠然とでも構わないので、とにかく「描きたい」と思う内容を挙げていく。

2. 時代、場所設定をする

・人物設定 ※細かい性格設定よりもこの劇の中での役割等

・人物相関図

3. 章構成を決める

「○幕○場」あるいは「○章仕立て」など具体的に整理できない段階だったら、箇条書きで構わないので「こういう出来事が起こる」「登場人物AとBの会話」「(言わせたいセリフ)」などを書き出していき、整理していく。

4. 時間配分を決める

### ワンポイントアドバイス

プロットは言わばストーリーの設計図です。これがあることで、全体的なストーリーが組み立てやすくなるのです。また、伏線を仕組むことによってお芝居の流れが、より説得力のある内容になります。

プロットとは、その作品はどのようなストーリーなのかを設定していくためのものです。
具体的には、その作品は何章（幕）仕立てか（幾つのシーン転換があるのか、幾つの物語で構成されているのかなど）、伝えたい、出したい要素は何か、各場面やストーリーを展開する中でどのような事件、出来事が起こるのか、また、そのことに遭遇した役柄の心境の変化などの要素を挙げて書いていきます。
プロットがある程度まとまった段階で台本を書き始めますが、必ずしも時系列（時間軸）である必要はありません。もちろん、物語の最初から時系列で書く方法もあれば、エンディング（結末や終局のこと）から始まって過去をさかのぼって書いていく方法、書きたいところから書いていくという方法もあり、その書き手に合った方法で書き進めてよいと思います。
ポイントはまとまっていなくても箇条書きでよいので、たくさん挙げてみることです。

## ポイント 2 プロットによって、お芝居に説得力が出せる

演劇作品の形式はさまざまです。一幕で完結する演劇のことを「一幕物」と言います。幕とは、演劇の中の一まとまりのことを言います。特徴としては、始まったら最後まで同じ場所（空間）と時間軸で完結します。それに対して何幕もあるような劇を「多幕物」と言います。たとえば、会議室の一室が舞台となってそのストーリーが完結する場合は一幕物です。それに対して、会議室のストーリー展開において、1日目、2日目、3日目のように幕が分かれてストーリーが展開されるものが多幕物です。なお、一幕物でも、そのストーリー展開において、打ち合わせシーンや発表シーンなど、シーン転換が複数ある場合も多幕物と呼ぶ場合もあります。プロットを作成する上で大切なことは、この幕には、どういった内容が含まれるのか、どのような会話があるのか、どのようなエピソードがあるのかを箇条書きでいろいろと書いてみるということです。そのことによって、たとえば、「三幕で見せる事件の伏線（ふくせん）を一幕で出す」というような発想も生まれやすくなります。

【プロットづくりが主に役立つこと】
・台本の元となる
・後の幕につながる伏線を仕組む上で便利
・説得力のあるストーリーが展開できる

### まとめ

**ステップアップのためにこれだけは心がけよう!!**

①プロットづくりに慣れよう。
②後の幕につながる伏線を仕組む工夫をすると説得力が増す。

コツ 23

# 配役を決めるときはオーディションを実施しよう!

上演に先立って、配役に沿った出演者を決める方法は、学校によってさまざまです。顧問の先生の鶴の一声や最高学年から順番に、あるいは、希望者を募って、などの方法があります。しかし、より高い成果を出す上演を目指すのであれば、「オーディション」を実施するとよいでしょう。

## ポイント 1 選考には学年のバランスも考える

特に学校演劇の場合は、出演者を決める際には、学年のバランスもできれば意識されるといいと思います。たとえば、最高学年の人たちは当然実力があるため、あるいは、経験があるからとの理由で、その学年の人たちのみ選考をしてしまいがちです。しかし、その人たちが引退したら、もう経験者が誰もいなくなってしまいます。したがって、学年はバランスよく選考することが大切です。

### ワンポイントアドバイス

出演者は、特定の学年に偏ることなく、いろいろな学年から出していくという考え方が大切です。

## ポイント 2 当て書きの台本でもオーディションを実施する

創作台本で「当て書き」という方法があります。これは、その役を演じる役者を作者がイメージしながら台本をつくることを言います。このように、当て書きで、あらかじめメンバーの誰かを出演者として予定していたとしても、その人を含めてメンバーたちの役者としての新たな可能性を見出したり、発見したりするためにも、改めてオーディションを行うことをお勧めいたします。

## ポイント 3 配役を選ぶ際は、各自の姿や声の質もバランスよく

お芝居の内容によって、配役を決める基準はさまざまですが、その人の姿や声の質、共演者との組み合わせといったことまでも選考で配慮できると、バランスのとれた作品になると思います。たとえば、広い客席の後方だと細かい表情まで見えず、観客は「背の高い人」や「身体の大きな人」「声の高い人」といった身体的特徴でその役を認識します。複数の役が舞台上で並んだときにうまくバランスを取れると、ひとりひとりのキャラが立ってきます。また、「Aの役だけを考えたら○○さんがよいけどAとBが会話すると似合わないなぁ」という事もあるので、そうしたことからも配役は姿や声のバランスもとれるように選考していきましょう。

【配役選考で、考慮すべきもうひとつのバランス】
・声の質や特徴
・性別（男女の割合）
・姿（容姿・身長・痩せた人か太っている人か、あるいは平均か）
・性格（明るい、暗い、その中間）

**まとめ**
**ステップアップのために これだけは心がけよう!!**

①「当て書き」でつくった台本であっても、オーディションを実施しよう。
②出演者は姿や声のバランスも考慮しよう。

コツ 24

# メンバー同士で対話を繰り返しながら演出プランを組み立てよう!

通常、プロの演出家がいない学校の演劇部では、演出プランはメンバー全員の話し合いで決めることが多いです。この演出プランの組み立てがしっかりできていないと、作品としてちぐはぐな印象を観客に与えてしまうため、注意が必要です。
※演出プランとは、上演を予定している劇（芝居）作品の解釈や見せ方などの方向性を言います。

## ポイント 1 演出プランの話し合いで大切なこと

演出プランをみんなで話し合う際、まず、その作品をどのようなコンセプト（その作品全体をつらぬく骨格となる発想や観点）でやっていくのかを話し合うことが大切です。そしてある程度、みんなでその作品に対する共通のイメージがもてるようになってはじめて、演技の方法（スタイル）や舞台設定のあり方、照明や音響のあり方などの一つ一つの具体的なことを話し合いましょう。

【演出プランの話し合いで大切なこと】
・なんでこの芝居をするのか（上演意図の確認）？
・自分たちのテーマやメッセージを確認する
（自分たちはどういう作品をつくりたいのか）
・そのために何をやるべきかを確認する
・作品（台本）の解釈を統一する

### ワンポイントアドバイス

演出プランは何よりもコンセプトが大事。みんなで確認し合いながら、工夫を凝らした演出プランを練り上げていきましょう！

ポイント

## 2 本番に向けた演出プランの組み立てで大切なこと

演出プランにおいては、大枠のコンセプトが決まったとしても、日々の稽古の中で細かな部分（台本に書かれたセリフへの解釈、各場面で必要となる衣裳や小道具など）で変更点や課題が出てくるものです。そのような当初の演出プランに変更の必要性や課題を感じたら、自分一人で解決しようとせずに、みんなで対話を繰り返しながら、再び演出プランを組み立てていきましょう。個々に意見が分かれても「そのどちらもが正解で、どちらの正解をとると全体の演出プランに合致するか」という意識を持ってください。なお、変更することで費用がよりかかるものについては、予算との兼ね合いも大事です。そのことも含めて話し合っていきましょう。

ポイント

## 3 個々のシーンごとに工夫を凝らした演出プランを立てる

演出プランを考える際には、物語の個々のシーンごとに工夫を凝らすことが大切です。

例えば、「自分達が得意なダンスを取り入れたいから前半はテンポよく進めてオープニングシーンのラストでダンスを入れよう」「このシーンはこの役の見せ場だから引き立つような音響と照明を入れてみよう」「ここは物語の伏線になっている大事なシーンだから落ち着いて、しっかりセリフを聞かせていこう」「印象に残るシーンだからプロジェクターも使って映像と組み合わせてより印象強く表現していこう」などといったように全体のプランを基に、個々のシーンがお話の中でどういう役割をもってどのように表現していくのか、工夫を凝らしたプランを立てることが大切です。

**まとめ**

**ステップアップのために これだけは心がけよう!!**

①みんなでその作品に対する共通のイメージをもとう。
②演出プランに変更の必要性や課題を感じたら、自分一人で解決しようとせずに、みんなで対話しよう。

コツ 25

# さらに状況に合わせた細かな サブテキストをつくろう!

キストに仕上げていく方法を解説いたします。役柄の心理状況などを書き込んでいく上でのコツを紹介します。

## ポイント 1 台本の内容を繰り返すのはサブテキストではない

テキスト（台本）に書かれていることを素直に受け取り過ぎないとうことが大事です。たとえば、テキストに「あなたなんて嫌いだ」と書かれているとします。これを素直に受け取ってしまうと、単に「嫌いだ」を表現する演技で終わってしまいます。しかし、人間は複雑な感情を持ちます。必ずしも話していること全てが本音ではありません。なぜ、そういう発言がこの役柄から出るのか？そのことを考えてサブテキストをつくるようにしましょう。

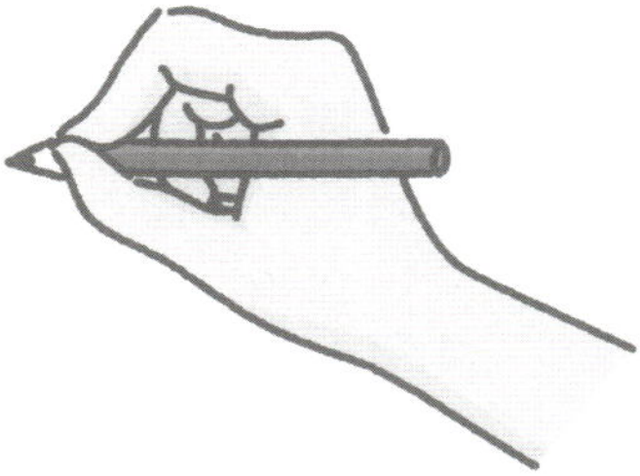

**ワンポイントアドバイス**

稽古の際に、セリフを言うのではなく、サブテキストを言っていくということも有効な練習方法のひとつです。

## ポイント 2 相手に求めていることを書く

もうひとつ、サブテキストを書く上で考えて欲しいのは「この発言をすることで何を相手に求めているだろうか」ということです。「あなたなんて嫌いだ」を例にすると本当に嫌いな相手だったら（だからこの場から立ち去れ）という事を望んでいるでしょう。逆に好きな人に思わず言ってしまった言葉だったら（嘘。なんで素直に言えないんだよ「私は好き」って返してほしい）なんて望んでいるかもしれません。人間は社会性（相手との関係性や職業など置かれた立場）や理性が働いて必ずしも思っていることが言えるわけではありません。その社会性や理性の下に隠された本当に求めていることを書くのです。

【サブテキストとしてNGなこと】
・テキストのセリフを繰り返すだけ
・テキストのセリフを単に言い換えているだけ

## ポイント 3 サブテキストを書く際は「一人称」で

頭で考えていると、どうしても他人事のようにサブテキストには書きがちです。しかし、実際に演じているときに他人事のように考えていると逆にサブテキストが役の集中を邪魔してしまいます。そうした意識のギャップをうめるためには、その役の「一人称」で書いていくことをお勧めいたします。それもなるべく一人称のセリフで書くことです。たとえば、「この人はこういうことを考えています」と書くのではなく、その役柄の頭の中のセリフとして「私は今こうなんだ」と一人称で書いていくということです。

【サブテキストは一人称で書く】
×この人（彼・彼女）はこう考えている
↓
○「私は今こうなんだ」「私はこういうことがしたい」「私は彼女が本当は好きだ」など

### まとめ

**ステップアップのためにこれだけは心がけよう!!**

①サブテキストを書く際はテキストを繰り返さない。
②役柄は自分事としてとらえることが大事。

コツ 26

# 各メンバーのポジション・役割を確認するために読み合わせをしよう!

台本に書かれたセリフには、さまざまな解釈の余地があり、それをメンバー間で統一していかなければなりません。また、そのセリフが使われる場面の演出においては、役者以外のスタッフにもかかわる確認が必要となります。

## ポイント 1 読み合わせの大切さを認識する

メンバー同士が、よくすり合わせをしないままの状態で演劇をすると、とてもまとまりのない作品になりかねません。たとえば、ある役者が誰かに向かってセリフを言う場合、みんなで台本のすり合わせを怠ると、その役者が間違った方向を向いてセリフを言ってしまうということが往々にして起こりがちです。よい作品に仕上げるには、みんなで読み合わせをして、いろいろな細かな解釈のすり合わせをしていくことが大切です。

**ワンポイントアドバイス**

各担当スタッフは、もう自分のやることは終わったと思うのではなく、役者と一緒に作品をつくりあげる気持ちを持つことが大事です。

## ポイント 2 各担当スタッフも役者と一緒に演じていく

音響や照明担当のスタッフなど、役者が稽古している間、「何をしていいのか分からない」という人が見受けられます。しかし、実はこれからが大事です。やることがないということはありません。自分の担当することで、いくらでも工夫の余地はあるのです。
特に音響・照明であれば、役者自身の想いを聴きながら稽古の過程を見ていると、役の心情の変化に呼吸を合わせるように音や照明を変化させていくといったレベルの高いオペレーションができるようになります。

【準備が終了した各担当スタッフがその後にやったほうがよいことの例】
例として照明担当の場合：役者の演技を見つつ「もう少しこのシーンは明るくして行こう」、「夕暮れが始まっていくのであれば、ここら辺から少しづつ暗くしていこうか」など、細かな点を工夫する。

## ポイント 3 メンバーの各ポジションでの役割の確認と一覧表をつくる

読み合わせで大切なことは、音響や照明、小道具、衣装など、各担当スタッフが、何をしていけばいいのかということを確認し、その内容を記した一覧を作成しましょう。この段階での各役割の詳細は、【コツ２７～３０】をご参照ください。

**まとめ**

**ステップアップのために**
**これだけは心がけよう!!**

①読み合わせの大切さを認識しよう。
②各担当スタッフは、自分の担当することで、いくらでも工夫の余地はあると心がけよう。
③各担当スタッフが、何をしていけばいいのかということを確認し、その内容を記した一覧を作成しよう。

コツ 27

# 初期の段階の立ち稽古では、動きを細かく決めないようにしよう!

前項の「読み合わせ」の次に行う、動作や表情などを加える稽古を「立ち稽古」と言いますが、この段階では、あまり動きを細かく決めすぎないことが大切です。この最初の立ち稽古の場では、さまざまに演じ方、見せ方の可能性を広げることを意識して行いましょう。

## ポイント 1 まずは素直に自分の感情の流れにしたがい、それに沿って動作をしてみる

ここで最初から本番に備えて「ああしよう、こうしよう」などと、具体的に決めがちですが、まだこの段階では、その場で起こる感情の流れを受け止めて、立ち上がりたいから立ち上がる、泣きたいから泣くなど、自然な反応に身を任せることが大切です。なぜならば、あまり決めすぎてしまうと、この時点で既にそれをやるための訓練になってしまい、創造性やさまざまな演技の可能性がなくなるからです。

**ワンポイントアドバイス**

とかく何でも決めようとしがちです。その方が安心して演技に取り組めるからだと思いますが、この時期はまだお芝居の可能性を探求しましょう。

## ポイント 2 役者同士のやり取りが大事

もっと役者同士のやり取りを大事にして、さまざまなアイデアを出していく場にしましょう。お互いに思いつく限り、いろいろな演技を試してみましょう。そうすることで、今までにない新しい演じ方や今まで気づかなかった新しい発見があるかもしれません。

## ポイント 3 演技や見せ方の可能性を広げることを意識する

セリフの解釈や演じ方において「これ違うだろうな」ということもこの時期だからこそできることです。遊び心あるアイデアを試してみてもいいでしょう。そのように、演技や見せ方の可能性を広げることを意識しながら取り組んでみましょう。お芝居に「絶対にこうでなければいけない」という決まりはありません。よい芝居のために必要な精神は探求心を持つことです。

【演技の可能性を広げるコツ】
- 「これ違うだろうな」と思うことも演じてみる
- 役者同士、思いつく限り演じてみる
- 演じ方を最初から決めつけない
- 演技や見せ方の可能性を広げることを意識する

### まとめ

**ステップアップのためにこれだけは心がけよう!!**

①この段階では、その場で起こる感情の流れを受け止めて、立ち上がりたいから立ち上がる、泣きたいから泣くなど、自然な反応に身を任せることが大切。
②演技や見せ方の可能性を広げることを意識しながら取り組もう!

コツ 28

# 相手の呼吸が読めるようになるため、メンバーは一度はプロンプターをやってみよう！

稽古の初期段階の、役者がまだセリフを十分に覚えていないときに、近くにいて役者を補助してあげるといいでしょう。また、その役としては、音響や照明を担当するスタッフでもよいのですが、なるべくなら、役者をやりたいという人がなりましょう。役者の呼吸を読むよい練習になるからです。

※プロンプターとは、演技中に役者がセリフや動きを忘れたとき、セリフをつけたり動きを指示したりする役のことをいいます。

## ポイント 1 相手（役者）の呼吸を読む訓練になる

演技中に役者がしばらく無言になったとします。そんなとき、プロンプターであるあなたはどうしますか？思わずセリフが出てこないためだと思い、セリフを出したとします。しかし、それはその役者が演技プランを持っていて、あえて感情をたっぷりとるための間であったのに、すぐにセリフを出されて心外だったということがあります。そのように、今、役として間を取っているのか、セリフを忘れているのかを、しっかりと相手の呼吸を見て判断していくことは、役者の呼吸を読む訓練になります。

### ワンポイントアドバイス

全メンバーがプロンプターを経験するとよいと思いますが、役者をやりたいという人には特に演技の勉強にもなるためお勧めです。

## ポイント 2 ひとつ先のセリフを読む

プロンプターの役目は、役者にセリフを出してあげること。そのためには、台本を役者よりも先行して読んでいなければなりません。役者がセリフを忘れたとき、適切にタイミングよく出せるようになるためには、役は演じてはいないが、常に役者と同じ気持ちでいることが大切です。

僕は役者よりも
先のセリフを
読んでいなくちゃ!

## ポイント 3 プロンプターを外す時期を設定する

| | | | | | | | | | | | | | |
|---|---|---|---|---|---|---|---|---|---|---|---|---|---|
| 7月8日 | 月 | 16時-18時 | 9 | ○ | ○ | ○ | ○ | ○ | ○ | ○ | ○ | ○ | |
| 7月9日 | 火 | 16時-18時 | 10 | ○ | ○ | ○ | ○ | ○ | ○ | ○ | ○ | × | |
| 7月10日 | 水 | | | | | | | | | | | | |
| 7月11日 | 木 | | | | | | | | | | | | |
| 7月12日 | 金 | 16時-18時 | 11 | ○ | ○ | ○ | ○ | ○ | ○ | ○ | ○ | ○ | |
| 7月13日 | 土 | 9時-15時 | 12 | ○ | ○ | ○ | ○ | ○ | ○ | ○ | ○ | × | |
| 7月14日 | 日 | | | | | | | | | | | | |
| 7月15日 | 月 | 16時-18時 | 13 | ○ | ○ | ○ | ○ | ○ | ○ | ○ | ○ | ○ | 台本外す(セリフ覚える)! |
| 7月16日 | 火 | 16時-18時 | 14 | ○ | ○ | ○ | ○ | ○ | ○ | ○ | ○ | × | |
| 7月17日 | 水 | | | | | | | | | | | | |
| 7月18日 | 木 | | | | | | | | | | | | |
| 7月19日 | 金 | 16時-18時 | 15 | ○ | ○ | ○ | ○ | ○ | ○ | ○ | ○ | ○ | 第2回衣装合わせ |
| 7月20日 | 土 | 9時-15時 | 16 | ○ | ○ | ○ | ○ | ○ | ○ | ○ | ○ | × | 通し稽古開始 |
| 7月21日 | 日 | | | | | | | | | | | | |
| 7月22日 | 月 | 13時-17時 | 17 | ○ | ○ | ○ | ○ | ○ | ○ | ○ | ○ | ○ | 終業式・チラシ完成 |

役者の稽古の中で、しばらくは頼りにされるプロンプターですが、いよいよ役者がすべてのセリフを完全に覚えなければならないときが来ます。その時期を予め設定しておきましょう。この時期は稽古が始まって少ししてからでもよいので、稽古カレンダーに追記しましょう。期限を設定することによって、役者は責任感を持ちその役柄を自分のものにしていくことができます。

### まとめ

**ステップアップのために これだけは心がけよう!!**

①プロンプターは、役者の呼吸を読む訓練になる。
②プロンプターは、常に役者と同じ気持ちでいることが大切。
③プロンプターを外す時期を決める。

コツ 29

# 全員で輝かしい舞台づくりの準備 ～照明スタッフのかかわり方～

照明は、舞台演出において、役者のさまざまな心理的な表現をしたり、シーンの雰囲気を表現したり、あるいは、シーンの転換などの際に大きな役割を果たします。本項では、そうした照明担当スタッフの役割と上達のコツをお伝えします。

## ポイント 1 おおまかなイメージをつくっておく

準備期間での照明担当者にとって大切なことは、お芝居の稽古を見ながら大まかなイメージをつくっておくことです。たとえば、ダンスの際は派手な照明にしよう、このシーンでは役者の表情を見せたいからやさしい光を当てていこうなど、おおまかにポイントを見つけていく作業をしていくことが大切です。

このシーンは
しみじみ聞かせるところ
だから、やさしい照明を
当てよう

### ワンポイントアドバイス

この明かりは教室の昼、教室の夜、室内、室外など、明るさによって、その明かりの意味づけをあらかじめしておくと便利です。

## ポイント2 台本に指示があった場合でも意味を考える

作家によっては、台本の中に「そこで照明変化がある」などと書かれている場合があります。台本に書かれていることは、あまり考えることなくその指示にしたがいがちですが、もし変化が書かれていたら、なぜそうなのかを考えることも大切なことです。どのような意味があるのかを考えることによって、自分に経験が蓄積され、それが力となります。

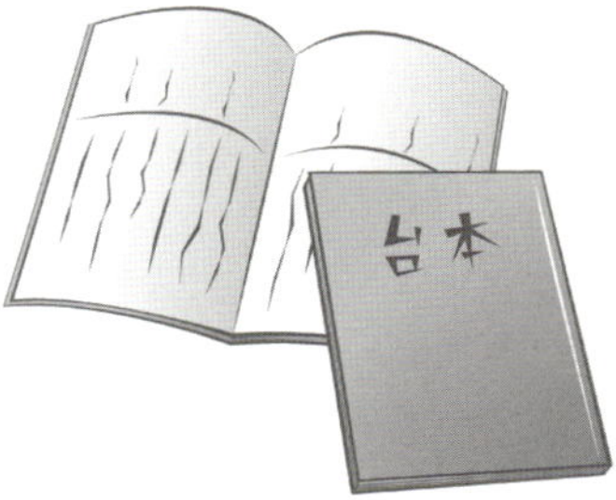


## ポイント3 作品として意味のある変化が大事

よくやりがちですが、場面転換での舞台セットや役者の移動を見せないために暗く（暗転）する場合があります。この行為は必ずと言っていいほどよくない点として審査講評で指摘されます。それは暗転そのものが悪いのではなく「移動を見せないため」という創り手都合の照明変化が観客の気持ちを冷ましてしまうためです。暗転に限らず照明は音響とも協力して照明変化そのものに時間の経過や心情の変化等、作品の内容に意味のある変化にすることが大切です。

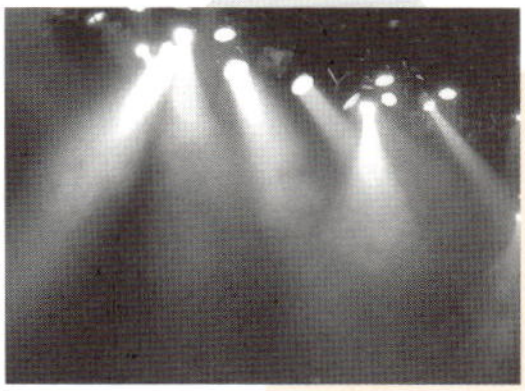

**まとめ**

**ステップアップのためにこれだけは心がけよう!!**

①準備期間では、お芝居の稽古を見ながら大まかなイメージをつくっておくことが大事。
②台本の中に照明に対する指示があった場合、まずはその意味を考えることが大事。
③照明は作品の内容に意味ある変化をつけるためのものであると心得よう。

コツ 30

# 全員で輝かしい舞台づくりの準備 ～音響スタッフのかかわり方～

音響の役割は、音楽や効果音（SE／Sound Effects）を流すことで、舞台上にさまざまなイメージ効果をもたらすことです。中でも大切なことのひとつに、適切な音楽や効果音を選ぶことがあります。本項では、そうした音響担当スタッフの役割と上達のコツをお伝えします。

## ポイント1 統一感やコンセプトに合った楽曲選びをしよう

準備期間中での音響担当スタッフのかかわり方として大切なことは、台本やお芝居の稽古を見ながら、どのセリフで音が入るか、音が入ったほうがいいところ、入らないほうがいいところを確認していくことです。そして、いざ流す曲を選曲する際に注意する点は、音楽の種類の統一感やコンセプトに合った曲を選ぶということです。

【選曲する際の音楽の種類】
・邦楽（J-POP、和楽器による演奏など）
・洋楽（クラシック音楽、ジャズなどを含む）
・その他民族音楽など
・サウンドトラック（映画、ドラマ、ゲームミュージックなど）
・効果音集
ネット上に公開されているフリー素材音源

### ワンポイントアドバイス

著作権は、著作者の権利を侵害することのないように細心の注意をはらってください。

## ポイント 2 歌詞つきや有名な楽曲には注意しよう

歌詞つきや有名な楽曲を選曲する際には特に注意が必要です。歌詞を聞いてしまったり、テレビCMで使われている曲だとそのCMの映像が観客の頭に浮かんでしまいがちです。
お芝居の中で狙った効果や意図に反して、観客はその曲のイメージに引っ張られてしまうのです。ですので、選曲の際は、その曲がいくらよい曲であったとしても、そうしたリスクを考えて選ぶことが大切です。

## ポイント 3 著作権に注意しよう

学校で開催される演劇での音楽利用については、前述したように、営利を目的にしていないことや入場料をとらないこと、出演者などに報酬を払わないことの３つの条件がそろえば、原則的には著作権管理団体への著作権申請手続きは特に必要がありません。しかし、その楽曲の利用方法や３つの条件にあてはまらない場合などの際には申請手続きをしなければなりません。詳しくは一般社団法人日本音楽著作権協会(JASRAC)等の著作権管理団体に問い合わせをしてください。

【利用許可が必要になる主なこと】
・楽曲を独自に編集する
・入場料をとる
・関係者に謝礼を支払う

### まとめ

**ステップアップのために これだけは心がけよう!!**

①楽曲選びは、統一感やコンセプトに合ったものを。
②歌詞つきの楽曲は注意しよう。

コツ 31

# 全員で輝かしい舞台づくりの準備 ～衣装・小道具スタッフのかかわり方～

衣装・小道具は、舞台において、作品に合った雰囲気やリアリティーを出すために欠かせないものです。本項では、作品に必要な衣装・小道具をどう調達してくるのか、あるいはつくるのか、担当者として知っておきたい上達のコツをお伝えします。

## ポイント 1 衣装・小道具もコンセプトが大事

衣装、小道具担当スタッフにとっても大切なことは、採用した作品に対して、自分たちはどのようなコンセプトをもってお芝居を展開していこうとしているのかを明確にすることです。衣装選びから小道具の調達・製作に至るまで、そのコンセプトが貫かれていなければ、ピントのボケたお芝居になりかねません。

### ワンポイントアドバイス

ポイント2の話ですが、全員が同じ衣装を着て出演者の個性をあえて出さないようなコンセプトの演出もありますので、全部の作品に言えることではないのですが、キャラクターづけが必要な場合には有効ですね。

## ポイント2 共演者のバランスを配慮

私服を着用して演じるときに気をつけなければならないことは、共演者のバランスです。たとえば、女子が、みんな同じ丈のスカートだったり、同じ色の衣装を身に着けていたりしたときに、作品にもよりますが、観客からは配役が非常にわかりにくいことがあります。そんなときは、ぱっと見てわかりやすい特徴（たとえば、髪型が皆違っていたり、着用する服に特徴づけをするなど）をそれぞれが持つと髪型や衣装でキャラクターづけがしやすくなります。

## ポイント3 衣装から余計な情報を観客に与えない

衣装や小道具で特に気をつけなければならないことは、その物自体に文字やキャラクターが入ったものです。それが観客から見えると、その文字やキャラクターから本来のお芝居から受けるメッセージとは違うメッセージを受け取ってしまう危険性があります。それが、そのお芝居とは関係ない場合は、そうした情報が入った物は避けた方がいいでしょう。

### まとめ

**ステップアップのためにこれだけは心がけよう!!**

①衣装、小道具もお芝居のコンセプトが大事。
②私服を着用して演じるときは、共演者のバランスに気をつけよう。
③文字やキャラクターが入ったものは注意しよう。

コツ 32

# 全員で輝かしい舞台づくりの準備 ～大道具スタッフのかかわり方～

衣装・小道具と同様に、作品の世界観を表現していく上で欠かせないのが舞台美術です。また、舞台監督は、演劇を上演するにあたっての、舞台上の全てのことを監督する責任者です。部員数が少ない学校では、舞台美術や大道具の製作担当も兼ねることが多いです。

## ポイント 1 舞台のイメージ絵を描くことからはじめましょう

演出プランが決まった後、そのプランに基づいて作品の世界観を出すために舞台のデザインをどうするかを決めるのが舞台美術スタッフの役割です。舞台美術の方向が決まったら、舞台のイメージ絵を描くことからはじめましょう。絵は、正確でなくても大丈夫です。こんなイメージの舞台というプランがまとまれば、あとは必要な物をそろえる段階に進みます。

### ワンポイントアドバイス

舞台上の導線（通り道）の状況を心得た上で稽古をしていかないと、本番のときに、想定以上に時間がかかってお芝居に支障が出ないとも限りません。

## ポイント 2 出ハケ（口）をどこに何か所必要かを考える

舞台において役者などの動きをつかみ、出ハケ（口）を何か所設置するかを決定することもイメージ絵のプラン段階から図面にする際に必要です。特に舞台美術でパネルが設置されていると、そのパネルの裏はどのぐらい人が通れるスペースがあるのか、走って通り抜けられるスペースなのかなどの細かい点を把握しておく必要があります。ちなみに、出ハケのタイミングやその場所を一覧にした表を「香盤表(こうばんひょう)」と言います。

## ポイント 3 予算の具体的な設計を考える

大道具スタッフは、舞台道具をつくるときや舞台装置が必要な場合、何を用意するのか、それはどのぐらいの大きさなのか、あるいは、大きさでつくるのか、何を買わなければいけないのかなどを考えていきましょう。このようなときに、必ず念頭に置かなければならないのは、それら舞台美術や舞台装置にかけられる予算はどのぐらいあるのかということです。多くの場合、予算は豊富には用意されていないのが現状だと思います。したがって、買ったほうが安いのか、つくったほうが安いのか、あるものでまかなえるものかといったことを具体的に考えましょう。たとえば予算が無いのであれば、学校や家にあるものを代用して使うことや、どこかで無料で段ボールを譲り受けて作るなど、予算との兼ね合いで必要なものを作る工夫をしましょう。

【上演でかかる費用のイメージ】
- ●会場費
- ●衣装製作（orレンタル）費(内訳:A●円、B●円…)
- ●大道具製作費（内訳:A●円、B●円…)
- ●小道具製作費（内訳:A●円、B●円…)
- ●台本許可申請にかかる費用
- ●大道具等の輸送費（内訳：A●円、B●円…)

**まとめ**

**ステップアップのためにこれだけは心がけよう!!**

①大道具の方向が決まったら、イメージ図を描こう！
②出ハケのタイミングや場所もメンバー全員で共有しよう。
③具体的に予算設計をしよう。

コツ 33

# 全員で輝かしい舞台づくりの準備 ～舞台監督のかかわり方～

**舞台監督は舞台上演において、居なくてはならない役割を持ちます。舞台上演でのすべての責任者ですので、なった人は自覚をもって取り組みましょう。**

## ポイント 1 平面図を作成しよう

舞台監督の役割のひとつとして、舞台上の、どの位置にどのくらいの大きさのものを配置して、どこをどのように使うかを決めなければなりません。そのため、舞台平面図を作成する必要があります。平面図を作成するためには、大道具スタッフから必要な製作物の大きさを聞き出したり、調整したりしながら図面に落とし込んでいきます。また、舞台監督は、作成した図面を基に劇場側の担当者と情報交換をします。

**舞台平面図の例**

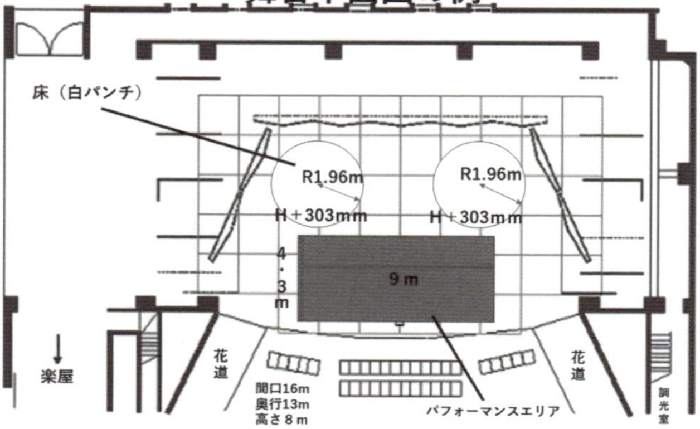

## ポイント 2 場ミリをする

舞台監督がよく行う役割のひとつとして、実際の舞台のサイズを把握して稽古場に「場ミリ」を行うことがあります。場ミリとは、ビニールテープなどを使って舞台上の必要箇所のサイズを図示したり、舞台に立つ役者の立ち位置や道具の置き場などに印をつけたりすることを言います。特に舞台上に大道具などを設置する場合は、人が通れるスペースはどのくらいあるのかなどを予めみんなが知っておかなければなりません。

## ポイント 3 各ポジションの進捗を確認しよう

舞台準備で特に注意することのひとつに、大道具担当等の製作スタッフと出演者がそれぞれ場所を離れて作業や練習をする際、舞台で使う物の大きさのイメージがくい違う場合が往々にしてあります。これは、現場で起きるこまごまとした変更点や製作物について出演者と製作スタッフとの間のコミュニケーション不足で起きる問題です。また、その他の舞台周りのスタッフ（音響や照明担当など）が何かに困っていたりすることもあります。そうした現場で起きるさまざまなことに対して舞台監督は、各ポジションの進捗を確認し、メンバー各人の問題点を把握して、必要なことを伝えたり解決策を一緒に考えたりする役割を持ちましょう。

**まとめ**

**ステップアップのために これだけは心がけよう!!**

①平面図を作成する。
②場ミリした情報はメンバー全員で共有しよう。
③各ポジションの進捗を確認しよう。

コツ 34

# 体調管理は役づくり以上に大事なことと心得よう!

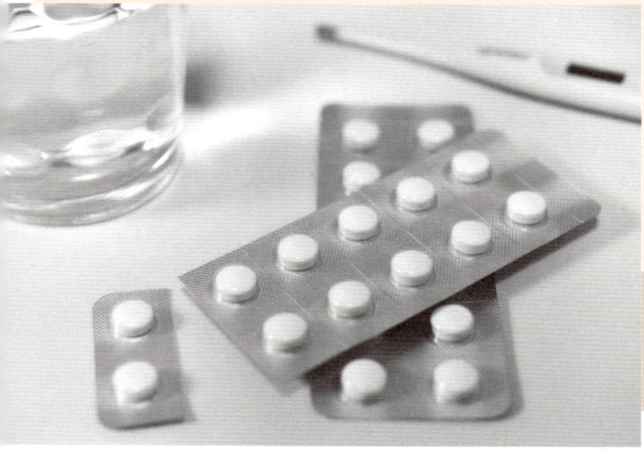

学校で稽古する場合、与えられた稽古場では、必ずしも、夏や冬の時期に備えて冷暖房が完備している恵まれた環境にいられるとは限りません。それぞれの学校の事情にもよりますが、冷暖房のない体育館のステージであったり、校舎の廊下で練習していることもあります。そこで、日ごろから防寒・防暑対策をしっかり行うなど、健康管理には気を配りましょう。

## ポイント 1 体調管理は寒さや暑さ対策が大事

体調管理は、役づくり以上に大事なことだと言えます。無理して体調を崩し、結果的に本番に出られなかったのでは、今までの稽古の甲斐がありません。特に自分では無理をしたつもりがないのに、体調を崩してしまうこともあります。そのような場合は、寒さや暑さが原因かもしれません。

【防寒・防暑対策】
[主な防寒対策]
・防寒インナーを着ておく
・上着を一枚余計に持っておく
・市販の使い捨てカイロを持つ
・靴下を重ね履きする
[主な防暑(熱中症)対策]
・睡眠を十分にとる
・栄養価が高くバランスの良い食事をとる
・小まめに水分補給をする
・通気性・速乾性の良い服装をする

### ワンポイントアドバイス

特に役者は喉も使います。休憩中以外にも稽古の合間に水分補給をできるようにしましょう。

## ポイント2　水分休憩をとろう！

熱中症対策には小まめな水分補給は欠かせません。それも、喉が渇いたと自覚する前に飲みましょう。このとき、ジュースなどで水分補給をしようとする人もいますが、水分のほかに糖分が多く含まれており、逆にとりすぎてもいけません。また、紅茶、緑茶、烏龍茶は利尿作用があるため、逆に水分をからだから出してしまうためにあまりおすすめできません。

## ポイント3　稽古中に具合が悪くなったら、無理せずに休もう！

体調不良を起こしたら、無理せずに休むことが肝要です。大事なのは本番です。たとえば、風邪を引いて無理に練習していたら、他のメンバーにも風邪をうつしてしまいかねません。こうしたケースは、頑張ってしまう人ほどあります。仲間のためを思ってもしっかりと休みましょう。また、そのようなことも含めて、その日誰が遅刻で誰が休みなのかを把握して、出席メンバーの体調も考慮し今日の稽古は何をするのか、あるいは休日にして買い出しや体力回復に使うべきか、柔軟に決めていくことが大切です。

【体調不良の原因】
- 睡眠不足
- 水分不足
- かぜなど、ウイルスによる感染
- 低気圧の影響
- 心理的なストレス
- 肉体的な疲労　　など

### まとめ

**ステップアップのためにこれだけは心がけよう!!**

①体調管理は自己責任で。
②体調がすぐれない場合は、無理して頑張らずに休もう。
③事前にメンバーの状態を把握して、何人も休む人がいる場合は、休日にして買い出しを済ませたり体力回復に努めるなど、柔軟に考えよう

コツ 35

# 適宜稽古を録音・録画して、振り返りに使おう!

稽古に夢中になっていると、客席から自分はどのように見えるのか、セリフはどのように聞こえるのか、なかなかわからないものです。そのため、稽古中の様子は、適宜録音・録画して、客観的に課題を見つけて、次の稽古までにそれを克服する努力をしましょう。

## ポイント 1 固定して全体を撮ろう!

ときどき録画をして振り返ってみましょう。撮り方は、基本的には客席から見てどう見えているかをチェックできるように、広い範囲で撮れるように録画機器を設置しましょう。なお、場合によっては、たとえば、「表情をチェックしたい」ということで、その特定の人だけを撮ってもらうということでもよいと思います。

### ワンポイントアドバイス

録画は、自らを客観的に見ることができる点で、その後の演技力向上に役立ちます。ぜひ活用しましょう。

## ポイント2 自分のセリフや動きが役柄に合っているかをチェックしよう!

撮影した動画をチェックしてみると、意外と自分の意図に反して、思った通りになっていないことが多いことに気づくのではないでしょうか。たとえば、大きな身振りをしているつもりであっても、意外と小さくしか動いていなかったり、大きな声を出して動き回っているつもりであっても、思っているよりも小さな声であったりなど。そうならないためにも、

## ポイント3 振り返ることで得られた本番までの課題や目標をメンバー全員で話し合おう!

録画を通して課題が見えてきたら、メンバー同士で課題を共有しましょう。そして、その課題克服のために、いろいろな意見や知恵を出し合いましょう。このことを通じて、メンバーの演技力は向上していくでしょう。

### まとめ

**ステップアップのためにこれだけは心がけよう!!**

①撮り方は、基本的には客席から見てどう見えているかをチェックできるように、広い範囲で撮れるように録画機器を設置しよう。
②録画して定期的に自分で確認をしてみることが大切。
③メンバー同士で課題を共有しよう。

# 会話のキャッチボール

審査員や演劇経験者に「会話が出来ていない」「もっと会話のキャッチボールをして」と言われて「自分では会話しているつもりなのに、どういうことですか？」という質問をよくもらいます。

皆さんが役を与えられ、台本を読むときに、このセリフはどういう心情だろう、どんな言い方をするかな、と考えながら読む人が多いかと思います。そのこと自体は悪いことではないのですが、頭の中で考えている状態は、まだ自分発信のアクションの状態です。
しかし実際に心情が動くとき、その言い方になるときというのは、相手から発せられた言葉や感情を受け取って反応する、リアクションすることで成り立ちます。頭の中で考えたことは身体に染みついていますから、稽古場では相手から発せられる言葉や感情を受け取ることに集中してみましょう。
この、アクションを『リ』アクションにしていくことが「会話のキャッチボール」の正体です。

難しいのは一度このキャッチボールができたとしても、同じことを繰り返そうとするとまたアクションに戻ってしまいます。また、相手のことを見ているつもりでも繰り返し稽古をしている中でいつの間にか「相手はこう来るからこう返す」と頭の中で考えたアクションになっていることもあります。

常に新鮮に相手のことを見て、聞いて、受け取ったボールを返していく、『リ』アクションしていくことを心がけると、より演劇が楽しくなっていきますよ。

# 3章

# 上演稽古②
# 発展期間で
# 意識を高めよう!

コツ 36

# 舞台上の空間を利用の用途に分けて認識しよう!

上演も近づき、舞台上に配置する道具類の制作を始めることになると、実際の上演舞台の実寸をとる必要があります。本番の環境を把握して、間口（横幅）や奥行きの長さが何メートルあるのか、また、どこに出ハケロがあるのか、大きな劇場の場合は、自分たちはそのどこのスペースを使うのかなどを把握しておくことが大切です。

## ポイント 1 舞台の細部までを把握しておこう!

劇場などの舞台の大きさによっては、袖が何箇所かあるため、どこを使うのかを予め決めておかなければなりません。各シーンの出ハケにどの袖を使うのかを決めていない学校をよく見ます。また、パネルなど舞台装置を立てた際にどの程度舞台が狭まるのかなどを把握しておくことも大切です。

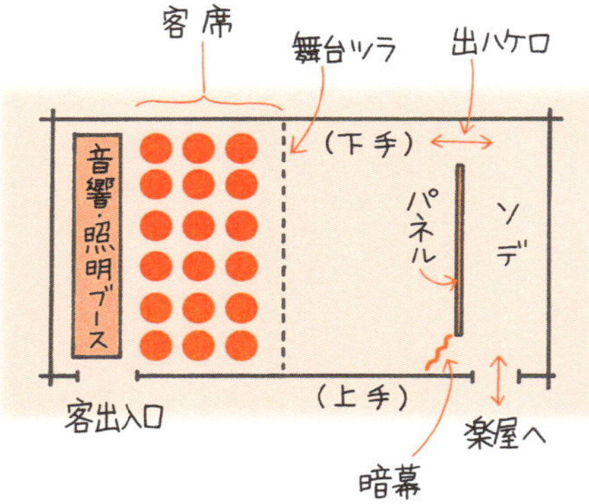


教室を上演会場に見立てた場合の参考図

### ワンポイントアドバイス

役者は何も知らないで、舞台袖と演じる場所が、たとえば7メートルあったとした場合、そこに移動するまでの数秒がセリフのない無駄な時間となります。ですから、実際の舞台の実寸を測って、予め把握して解決しておくことが大切です。

## ポイント 2 本番直前の稽古ではなるべく実寸をとろう!

本番直前は、本番の舞台の実寸を取って稽古をしましょう。そしてこのとき、たとえば市販のビニールのテープなどを使って、その舞台の間口や奥行の長さに印をつけ、どの場所に行ってもそれを広げれば、すぐにその間口が取れるようになるので便利です。

## ポイント 3 舞台上、舞台外まで含めて空間をつくろう!

舞台上は場所の設定をいろいろ決めていますが、舞台の外はどうなっているかまでしっかりと決めておくことも大切です。たとえば、教室で授業中といった設定の場合、舞台の外にある窓の位置や高さを決めておくことで役者の視線が統一できます。袖から教室に入るとき、教室の外は長い廊下なのか、すぐ階段があるのかで演技も変わります。このように舞台の外まで設定しておきましょう。

**まとめ**

**ステップアップのために これだけは心がけよう!!**

①本番直前は、本番の舞台の実寸を取って稽古をしよう。
②舞台の外はどのような設定になっているのかを、しっかりと決めておくことも大切。

コツ 37

# 具体的な演出をつけていく　その1
# 読解、共演者との対話を深めていこう!

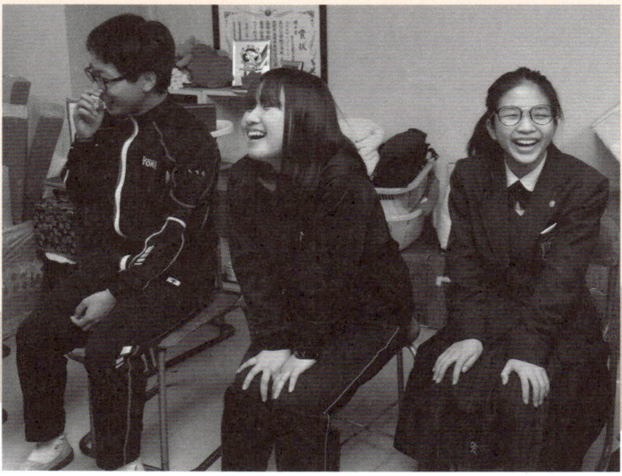

上演本番も近くなり、仕上げの時期になってくると、とかく自分の役柄の演技を完成させようと自分の範囲だけに没頭しがちです。しかし、この時期だからこそ大事なことがあります。それは、役柄の完成に向けて共演者との対話を深めていくことです。

## ポイント 1 共演者との対話でセリフの解釈をより深めていこう!

ひとりで悩んでしまったときは、本番までに残された時間を充実させるためにも、メンバーみんなで台本の内容やセリフの解釈をより深めていきましょう。また、この時期は「ノート」(P106のコラム参照)の項目も多くなりますが、それに時間をかけるよりも、なるべく練習をする時間、実際にセリフを言ったり動いたりする時間を多くとりましょう。

### ワンポイントアドバイス

この時期は、お互いに長所を見つけ合って、その長所をどんどんと伸ばしていきましょう。そのことが大切です。

## ポイント 2 長所を伸ばし短所を補うための意見交換をしよう!

この時期、もうひとつ大切なことがあります。それは、ここからの稽古は、さまざまな短所も目につくと思いますが、そこをつぶしていくというよりかは、各人の長所を伸ばして短所を補うようにしましょう。できないことをやっていくというよりも、しっかりと自分たちの魅力であったり、自分たちが一番素敵なシーンだなと思ったりするところを、みんなでたくさん出し合っていきましょう。

## ポイント 3 母音法（ぼいんほう）で活舌をよくする練習をしよう!

あおおいあおあいあ
(あのとびらのかぎは
おうあえうお、
こうあけるの)
おうえうあ
(そうですか)

この時期になっても、どうしても滑舌が悪い、苦手という人もいます。この頃になると大体セリフは覚えていますので、そのような人は、なかなかうまく言えないセリフを繰り返し言ってみることも大切ですが、実際にセリフを使って、「母音法」で活舌の練習をすることをお勧めします。これは、「あいうえお」だけでセリフを言うことで、しっかりと口の形をとっていく即効性のある滑舌練習法です。

### まとめ

**ステップアップのためにこれだけは心がけよう!!**

①メンバーみんなで台本の内容やセリフの解釈をより深めていく。
②各人の長所を伸ばして短所を補うようにする。
③滑舌が悪い、苦手という人は、実際にセリフを使って、「母音法」で活舌の練習をしよう。

コツ 38

# 具体的な演出をつけていく　その2 ミザンスをよくしよう（上手な空間の使い方）！

舞台の上では、客席から役者や舞台装置などがどう見えているのかを把握することが大切です。個々の役者は、自分の周りに配慮し、他の役者や舞台装置などと適切な距離を保ちながら見映えのよい位置取りをする（ミザンスをよくする）ことが求められます。

※「ミザンス」とは、役者や舞台装置も含めた全体の配置のことを言います。

## ポイント 1 改めて空間把握力を高めるためのシアターゲームをしよう!

舞台上では、自分の周りにごちゃっと人混みをつくらないように、自分の周囲に広く距離をとって、客席から見映えのいい位置にいることを常に意識することが大切です。ミザンスをよくするということです。そのために、ここでは【コツ12】で紹介したシアターゲームを再び登場させましょう。ゲームの方法としては、出演者だけで、舞台と同じ寸法で舞台セットを使って、役名をつけて「名前鬼」をするとよいでしょう。

### ワンポイントアドバイス

2人がイスに座って何か会話しているシーンの場合、イスの位置も横並びではなく奥行きを出してみると変化がつきます。そのように客席からの見映えも意識して取り組んでみましょう。

## ポイント 2　舞台の前後・左右・上下の空間を最大限に生かそう！

舞台は奥行き、前後、上下の空間をうまく使いましょう。何もない舞台だとありがちなのですが、客席を前に横並びでみんなが立ち話をする。あるいは、1対1の関係で、お互いが真横になって話をする。何の意識もしていないと、そのような舞台になりがちです。だめ、というわけではありませんが、見映えが平坦になります。前方と後方に分かれて奥行をつけたり、立っている人と座っている人で上下差をつけたりと、舞台全体を使ってミザンスをよくしていきましょう。更に舞台美術があれば効果的に使って机やテーブルに乗ってみたり下に潜ったりと更に上下差をつけることもできます。

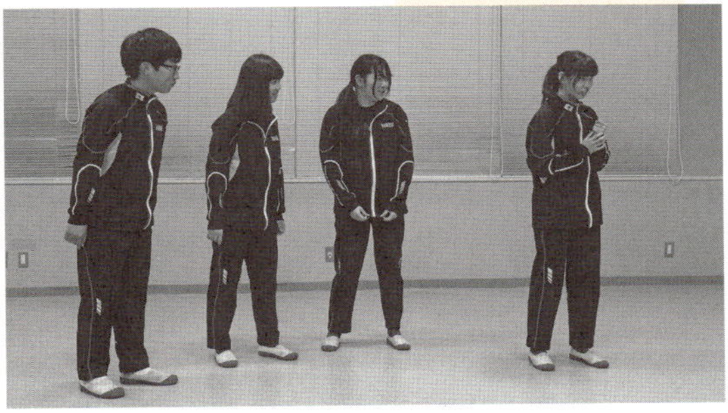

四人が並んで立っている。

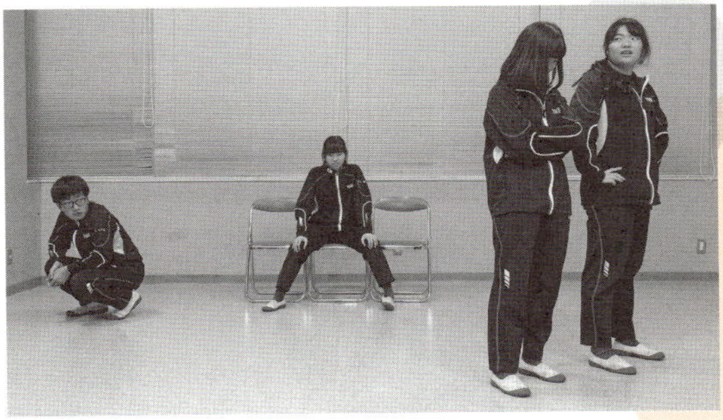

椅子も使って奥行と高さを使う。

**まとめ**

**ステップアップのためにこれだけは心がけよう!!**

①ミザンスをよくするための練習としてシアターゲームをしよう。
②舞台は奥行き、前後、上下の空間をうまく使おう。

コツ 39

# 本番の上演に向けて～照明スタッフのかかわり方～

| | 照明Qシート | | | | | | | | | | | | | | | | | | |
|---|---|---|---|---|---|---|---|---|---|---|---|---|---|---|---|---|---|---|---|
| | | 1サス | | | 2サス | | | CL | | | LH | | | UH | | | FL | Bo | Q | |
| ページ | 行 | 下 | 中 | 上 | 下 | 中 | 上 | 下 | 中 | 上 | 赤 | 青 | 緑 | 赤 | 青 | 緑 | | | | 番号 |
| 1 | 7 | 8 | 8 | 8 | 8 | 8 | 8 | 8 | 8 | 8 | 10 | 4 | 4 | 10 | 4 | 4 | 10 | 0 | 緞帳が上がったら | |
| 2 | 40 | 0 | 0 | 0 | 0 | 0 | 0 | 0 | 0 | 0 | 0 | 0 | 0 | 0 | 0 | 0 | 0 | 10 | アリス：だったかしら | |
| 3 | 1 | 8 | 8 | 8 | 0 | 0 | 0 | 8 | 8 | 8 | 10 | 5 | 5 | 10 | 5 | 5 | 0 | 0 | 暗転後　　秒 | |
| 5 | 30 | 8 | 8 | 8 | 8 | 8 | 8 | 8 | 8 | 8 | 10 | 5 | 5 | 10 | 5 | 5 | 8 | 0 | アリス：えぇ | |
| 7 | 7 | 0 | 0 | 0 | 0 | 0 | 0 | 0 | 0 | 0 | 0 | 0 | 0 | 0 | 0 | 0 | 0 | 10 | アリス：言ってたわ | |
| 7 | 8 | 8 | 8 | 8 | 0 | 0 | 0 | 8 | 8 | 8 | 10 | 6 | 6 | 10 | 6 | 6 | 0 | 0 | 暗転後　　秒 | |
| 8 | 14 | 8 | 8 | 8 | 8 | 8 | 8 | 8 | 8 | 8 | 10 | 6 | 6 | 10 | 6 | 6 | 6 | 0 | アリス：神出鬼没な人ね | |
| 10 | 12 | 0 | 0 | 0 | 0 | 0 | 0 | 0 | 0 | 0 | 0 | 0 | 0 | 0 | 0 | 0 | 0 | 10 | アリス：ばっかりなのね | |
| 10 | 13 | 8 | 8 | 8 | 0 | 0 | 0 | 8 | 8 | 8 | 10 | 7 | 7 | 10 | 7 | 7 | 0 | 0 | 暗転後　　秒 | |
| 11 | 7 | 4 | 4 | 4 | 4 | 4 | 4 | 0 | 0 | 0 | 10 | 7 | 7 | 10 | 7 | 7 | 0 | 0 | アリス：まだ・・・ | |
| 11 | 18 | 8 | 8 | 8 | 8 | 8 | 8 | 8 | 8 | 8 | 10 | 7 | 7 | 10 | 7 | 7 | 4 | 0 | ひまり：またそれかよ | |
| 14 | 11 | 0 | 0 | 0 | 0 | 0 | 0 | 0 | 0 | 0 | 0 | 0 | 0 | 0 | 0 | 0 | 0 | 0 | りく：運びましょう | |
| 14 | 13 | 0 | 0 | 0 | 0 | 0 | 0 | 0 | 0 | 0 | 0 | 0 | 0 | 0 | 0 | 0 | 0 | 0 | 暗転後　秒 センタートップ＆ネライ | |
| 15 | 1 | 10 | 10 | 10 | 10 | 10 | 10 | 10 | 10 | 10 | 10 | 8 | 8 | 10 | 8 | 8 | 2 | 0 | アリス：やめて | |
| 18 | 12 | 0 | 0 | 0 | 0 | 0 | 0 | 0 | 0 | 0 | 0 | 0 | 0 | 0 | 0 | 0 | 0 | 0 | みんな：大丈夫 | |
| 18 | 14 | 10 | 10 | 10 | 10 | 10 | 10 | 10 | 10 | 10 | 10 | 10 | 10 | 10 | 10 | 10 | 0 | 0 | 暗転後　　秒 | |
| 19 | 41 | 10 | 10 | 10 | 0 | 0 | 0 | 7 | 7 | 7 | 7 | 7 | 7 | 7 | 7 | 7 | 0 | | アリス：やめて | |
| 20 | 36 | 10 | 10 | 10 | 10 | 10 | 10 | 10 | 10 | 10 | 10 | 10 | 10 | 10 | 10 | 10 | 0 | 0 | でも | |

本番がいよいよ近づいてきました。照明プランがある程度決まってきたこの時期、このシーンには「こういう明かりがいいかな」「ここから入るのがいいかな」「ここで変わるのがいいかな」などと、役者の動きに応じて照明の当て方を工夫します。本項では、照明担当スタッフがこの時期に取り組んでほしい上達のコツを紹介します。

## ポイント 1 照明キューシートをつくろう!

この時期には、キューシートを作成します。キューシートとは、照明が変化するきっかけや照明機器の明るさのレベルを一覧にしたものです。しかし、それを一度つくったからもう自分の役目は本番までないという考えではいけません。それからもやはり稽古をしていると、どんどん役者のお芝居が変わってきます。したがって、特にこの時期は、なるべく稽古に一緒にいるようにすることが大切です。

| | 照明Qシート | | | | | | | | | | | | | | | | | | |
|---|---|---|---|---|---|---|---|---|---|---|---|---|---|---|---|---|---|---|---|
| | | 1サス | | | 2サス | | | CL | | | LH | | | UH | | | FL | Bo | Q |
| ページ | 行 | 下 | 中 | 上 | 下 | 中 | 上 | 下 | 中 | 上 | 赤 | 青 | 緑 | 赤 | 青 | 緑 | | | |
| 1 | 7 | 8 | 8 | 8 | 8 | 8 | 8 | 8 | 8 | 8 | 10 | 4 | 4 | 10 | 4 | 4 | 10 | 0 | 緞帳が上がったら |
| 2 | 40 | 0 | 0 | 0 | 0 | 0 | 0 | 0 | 0 | 0 | 0 | 0 | 0 | 0 | 0 | 0 | 0 | 10 | アリス：だったかしら |
| 3 | 1 | 8 | 8 | 8 | 0 | 0 | 0 | 8 | 8 | 8 | 10 | 5 | 5 | 10 | 5 | 5 | 0 | 0 | 暗転後　　秒 |
| 5 | 30 | 8 | 8 | 8 | 8 | 8 | 8 | 8 | 8 | 8 | 10 | 5 | 5 | 10 | 5 | 5 | 8 | 0 | アリス：えぇ |
| 7 | 7 | 0 | 0 | 0 | 0 | 0 | 0 | 0 | 0 | 0 | 0 | 0 | 0 | 0 | 0 | 0 | 0 | 10 | アリス：言ってたわ |
| 7 | 8 | 8 | 8 | 8 | 0 | 0 | 0 | 8 | 8 | 8 | 10 | 6 | 6 | 10 | 6 | 6 | 0 | 0 | 暗転後　　秒 |
| 8 | 14 | 8 | 8 | 8 | 8 | 8 | 8 | 8 | 8 | 8 | 10 | 6 | 6 | 10 | 6 | 6 | 6 | 0 | アリス：神出鬼没な人ね |

### ワンポイントアドバイス

照明スタッフも稽古のときには「照明変わります」、「照明変わり始めます」、「変わり切りました」など、ぜひ声に出して言いましょう。なぜならば、演出スタッフや音響スタッフと認識を合わせるのと、役者がどこがきっかけで変わるのかをイメージしやすくなるからです。

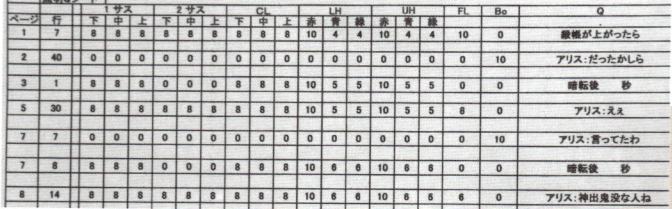

## ポイント 2 場面転換は「暗転」ではなく「明転」でやってみよう!

照明プランの中で一番悩むのが「場面転換」かと思います。暗転については【コツ27】で述べましたが「明転」という方法も検討してみましょう。つまり、明るい中でお芝居の一つとして転換を見せてしまう方法です。演じながら転換しても良いですし、演じている後ろで転換してもかまいません。また暗くしたい場合でも「ブルー転換」と言われる表情が見えない程度の青暗い明かりの中で転換していく方法もあります。転換中も観客は舞台を観ています。演出スタッフや音響スタッフとも協力して観客の気持ちを切らさない工夫をしてみて下さい。

**【場面転換のさまざまな方法】**
- 暗い中で場面転換を行う（暗転）
- 顔が見えない程度の青暗い明かりの中で転換していく（ブルー転）
- 場面転換を芝居の中の一つとして見せる（明転）
- 演じている後ろで転換要員（黒子）が転換を行う（明転）

## ポイント 3 イメージ・トレーニングをしよう!

照明フタッフは、リハーサルまで実際の照明機器を動かす機会がありません。そこでスタッフがその技術を向上させる方法としては、イメージ・トレーニングをお勧めします。方法としては、手持ちのノートやコピー用紙などに線を書いて、消しゴムを置いてイラストのようにイメージのフェーダーを動かします。シーリングライトであれば、CLの1、CLの2などと書いて、メモリの0のライン（光がつかないライン）に消しゴムを置き、紙に目盛りを10（10%）、100（100%）と書き、それでイメージ・トレーニングをします。

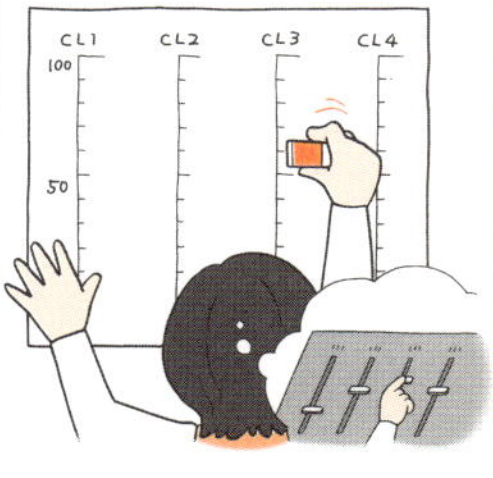


### まとめ

**ステップアップのためにこれだけは心がけよう!!**

①照明キューシートをつくろう！
②舞台転換は「暗転」ではなく「明転」でやってみよう！
③イメージ・トレーニングをやってみよう！

コツ 40

# 本番の上演に向けて ～音響スタッフのかかわり方～

本番がいよいよ近づいてきました。音響プランがある程度決まってきたこの時期、このセリフでA曲が入る、このシーン転換のときにB曲が入るなどと、舞台の進行に応じて曲を流したり止めたりします。本項では、音響担当スタッフがこの時期に取り組んでほしい上達のコツを紹介します。

## ポイント 1 その曲がかかるきっかけを共有しよう!

中高生では、会場に常設されたメインスピーカーからのみ音を出すことがほとんどだと思いますので、キューシートを作成しなくても台本上にきっかけを書き込むだけでも十分かと思います。しかし自分だけで把握せず、必ず各スタッフ・役者と共有をしましょう。特に照明スタッフとはきっかけを合わせるとより効果的になる場合も多く、細かく打ち合わせをしていきましょう。

### ワンポイントアドバイス

音を出すことのもうひとつのポイントとしては、その音が役者の演技を邪魔していないかということもチェックしてください。

## ポイント2 稽古のときから音を流そう!

音響スタッフは、この時期になったら、できるだけ曲をかけていくとよいと思います。音響は照明と違い、CDプレーヤーやスマホなどがあれば手軽にできるため、なるべく練習中から音を出していきましょう。実際に選定した曲を流すことが大切です。やはり曲がかかると、役者のテンションも上がってきます。気持ちが入りやすくなるため、そういう音をなるべく出してあげるといいと思います。

## ポイント3 照明と合わせて場面転換を上手にやろう!

前のコツで、「転換」について述べましたが、暗転も音響とペアで効果を出していく方法があります。舞台転換のひとつの方法ですが、たとえば、1幕の最後のほうから音響を流し始めて、暗転の間その音楽が流れています。そして、2幕の照明に変わったときに、まだそのお音楽は続いていて、すうっと消えていって次の物語が始まっていくといった使い方です。これにより観客は転換中も1幕の余韻を楽しみ自然と2幕に入りこめます。また、転換中の足音を消す効果もあります。こうした使い方を「ブリッジ」と呼びます。特に暗転やブルー転の視覚効果が少ないときに有効です。

**まとめ**

**ステップアップのために これだけは心がけよう!!**

①稽古のときから音を流していこう。
②転換の際に「ブリッジ」として音を流すと効果的。

コツ 41

# 本番の上演に向けて～衣装スタッフのかかわり方～

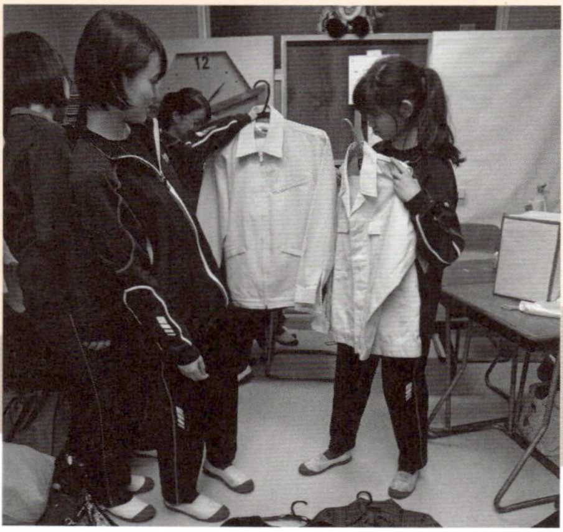

本番がいよいよ近づいてきました。衣装プランがある程度決まってきたこの時期、衣装担当スタッフは何をしていったらよいのか？　本項では、衣装担当スタッフがこの時期に取り組んでほしい上達のコツを紹介します。

## ポイント 1　それぞれの人の小物も含めてリスト化しよう!

この時期の衣装スタッフは、衣装類・道具類のリストをつくってメンバー全員で共有します。また、衣装類リストには、それぞれの人に合わせて、装飾品（たとえば、時計やヘアゴムなど）も含めてしっかりとリスト化をしましょう。

[redacted]衣装・小道具リスト

| 役 | 準備 | イメージ | 区分 | 手配先 | 備考 |
|---|---|---|---|---|---|
| 予科練1<br>老人 | 済 | 特攻服 | レンタル | ◆◆◆ | 6日着 |
| | 済 | 飛行帽 | レンタル | ◆◆◆ | 6日着 |
| | 済 | 制服 | レンタル | ◆◆◆ | 6日着 |
| | 済 | 靴 | 購入 | | |
| | 済 | 上着 | 自前 | ◆◆◆ | |
| | | スラックス | 自前 | | |
| 予科練2 | 済 | 特攻服 | レンタル | ◆◆◆ | 6日着 |
| | 済 | 飛行帽 | レンタル | ◆◆◆ | 6日着 |
| | 済 | 制服 | レンタル | ◆◆◆ | 6日着 |
| | 済 | 靴 | 自前 | | |
| 未来人 | 済 | 近未来的服装 | レンタル | ◆◆◆ | 6日着 |
| | | 靴 | 購入 | | |
| 運転手 | 済 | 近未来的服装 | レンタル | ◆◆◆ | 6日着 |
| | | 帽子 | ? | | 未使用 |
| | 済 | 白グローブ | 購入 | ◆◆◆ | 未使用 |
| | | 靴 | 購入 | | |
| | | 旗 | 作成 | | 未使用 |
| 男子高生1 | 済 | 高校制服(夏服) | 自前 | ◆◆◆ | |
| | 済 | 腕時計 | 自前 | ◆◆◆ | |
| | | グローブ | 自前？ | ◆◆◆ | 未使用 |
| | | ボール | 自前？ | ◆◆◆ | 未使用 |
| | 済 | 靴 | 自前 | ◆◆◆ | |
| 女子高生 | 済 | 高校制服(夏服) | 自前 | ◆◆◆ | |
| | 済 | 革靴orスニーカー | 自前 | ◆◆◆ | |
| | 済 | デジタルカメラ | 自前 | ◆◆◆ | |
| 男子高生2 | | 特攻服 | 自前 | | →◆◆◆用意 |
| | 済 | 特攻ブーツ | 自前 | | →◆◆◆用意 |
| | 済 | スマホ | 自前 | | |

### ワンポイントアドバイス

上演する会場へ衣装や小物類を運ぶとき、意外と多いのが忘れ物です。しっかりとリストをつくって管理しましょう。

## ポイント2 アイロンをかけておこう!

意外と見落とされがちなのが、衣装のメンテナンスです。舞台で着るシャツなどは、本番直前だけでいいのですが、きちんとアイロンをかけることを忘れずにしましょう。本番の上演前や学校のちょっとしたイベントなどで何回かステージがあったり、何日間かにわたってステージがあったりする場合は、その後に必ず洗濯とアイロンをかけるようにしましょう。

## ポイント3 衣装・小物に細工を施しておこう!

この時期は衣装も決まります。この本番までの間に衣装スタッフが行うこととして、たとえば、特にヒールや革靴は舞台上でコツコツと大きな音が出ることがあります。まずはそのような物をなるべく選ばないことが必要ですが、もしあり合わせの物で対応しようとする場合には、そうならないように、靴裏にテープを貼ったり、また、役者の演技で衣装の早替えの場があるとき、衣装の着脱がスムーズにできるように、マジックテープを仕込んだりするなど、細工を施すことも忘れずに行いましょう。

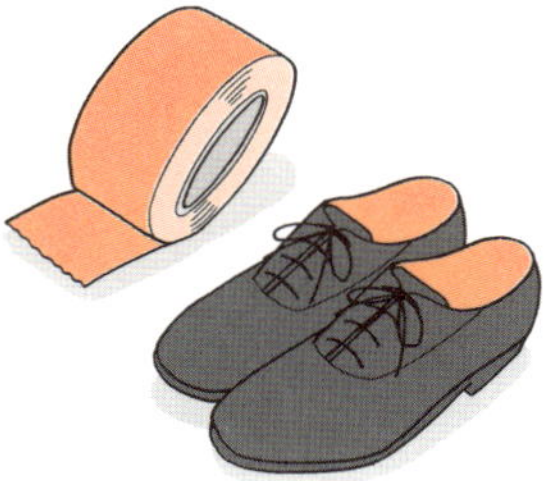

**まとめ**

**ステップアップのために これだけは心がけよう!!**

①本番前はアイロンをかけるなど、特に衣装のメンテナンスを心がけよう。
②衣類や靴は細工を施すことも忘れずに行おう。

コツ 42

# 本番の上演に向けて ～小道具スタッフのかかわり方～

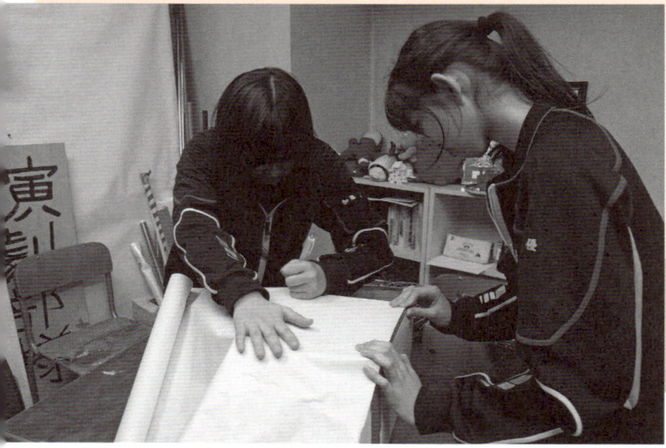

本番がいよいよ近づいてきました。必要な小道具がある程度揃っている時期の担当スタッフは、何をしたらよいのか？　本項では、小道具担当スタッフがこの時期に取り組んでほしい上達のコツを紹介します。

## ポイント 1 小道具の保管に注意しよう!

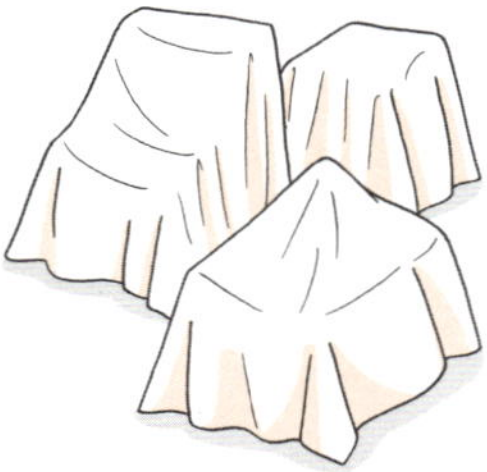

やはり衣装と同じ、この時期は小道具リストを作成します。もちろん、衣装類とともにひとつにまとめてリストを作成（コツ38ポイント1の図参照）しておくといいでしょう。なお、小道具は手作りで壊れやすい物もあることが多いため、保管する際は気をつけましょう。これは上演する場所へ運んだときにも言えますが、できればひとつにまとめて、防護用のシートなどを被せておくといいでしょう。

### ワンポイントアドバイス

代替がきかない、あるいは、予備がない小道具は特に注意して保管、運搬しましょう。失って、その道具だけパントマイム（身振り手振りのパフォーマンスでの表現）になることのないように。

## ポイント2 不意の事故に備えておこう!

前述したように、手作りの物だと強度が弱かったり、割れ物は落として壊す危険性があります。また、演技中やセットの組み立て中にぶつけてしまい傷がつく、壊れる危険性も考えられます。そうした事故に備えて、まず割れ物の場合は梨地（なしじ）テープという透明の艶消しテープで覆うと割れたときの飛散が防止できます。また、できれば予備を用意する、あるいは予め修復できる素材でつくっておくことが大切です。

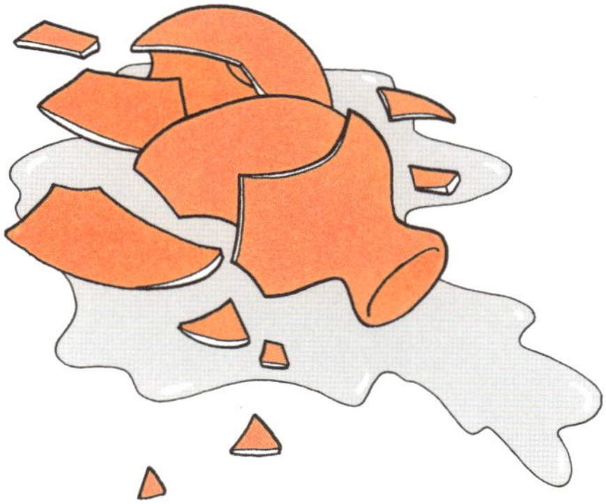

## ポイント3 他の担当スタッフをサポートしよう!

小道具スタッフは、ある程度物が揃うとメンテナンス以外にはあまりできることがなくなります。もちろん、最初から大道具や衣装担当を兼ねていることも多いのですが、そうでなくてもそんなときは、大道具や衣装を手伝うなど、他のところのサポートをしましょう。

### まとめ

**ステップアップのためにこれだけは心がけよう!!**

①できればひとつにまとめて、防護用のシートなどを被せて保管する。
②小道具の予備をきちんとつくっておく、あるいは、その物を予め修復できる素材でつくっておくことが大切。
③大道具や衣装を手伝うなど、他のところのサポートをしよう。

コツ 43

# 本番の上演に向けて ～大道具スタッフのかかわり方～

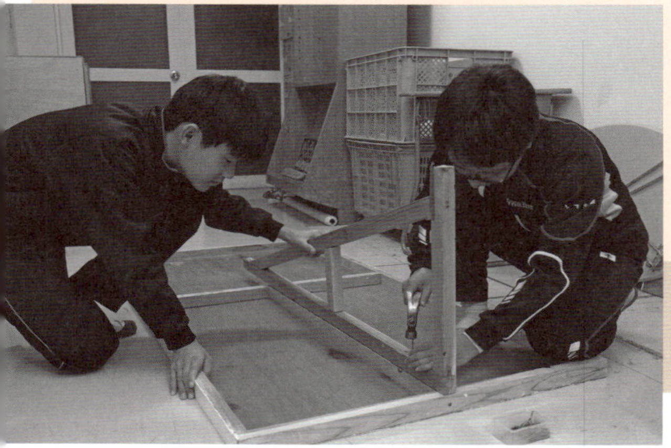

本番がいよいよ近づいてきました。大道具担当スタッフは、舞台上に置く大きな創作物をつくり、また、それを設置する役割を持ちます。本項では、この時期の大道具スタッフに取り組んでほしい上達のコツをお伝えします。

## ポイント 1 稽古場と舞台との橋渡し役になろう!

大道具担当スタッフは、舞台に設置する大きな物をつくらなければなりません。その作業場は、稽古場と離れていることがほとんどです。役者などからの舞台上の要求や要望などが大道具スタッフに届いていないと、本番前日のリハーサルで、そこを通らなければならないのに、大道具が置いてあって、そこが通れないことが分かって困ったという事態も発生しかねません。そうした事態を招くことのないように、大道具スタッフは稽古場と舞台との橋渡し役として、役者と常に情報交換しておく必要があります。

### ワンポイントアドバイス

ともすると大道具スタッフは、稽古場の様子、芝居が変わっていく様子に無関心でいたりします。しかし、本当にその芝居にとってよい場や物をつくるには、常に役者との対話を大切にしてください。

## ポイント 2 舞台上で移動や作業スペースを確保しよう!

大道具スタッフは、役者の要望も受けて舞台上の導線をつくります。しかし、ときとしてその要望に無理がある場合があります。たとえば、演出担当から「後ろは人1人が、こうやって横歩きで歩けるスペースさえあればいいよ」と言われていたが、実際は早替えをしなければならないことがあり、到底そんな狭い道では次のシーンに間に合うはずがない。そう思ったら、お芝居の背景となる大道具を舞台上で数十センチ前に出さなければならないとしても、舞台監督と相談し「この方がいいよ」と提案することも大道具スタッフの役割だと言えます。

## ポイント 3 ケコミ（蹴込み）を上手に処理しよう!

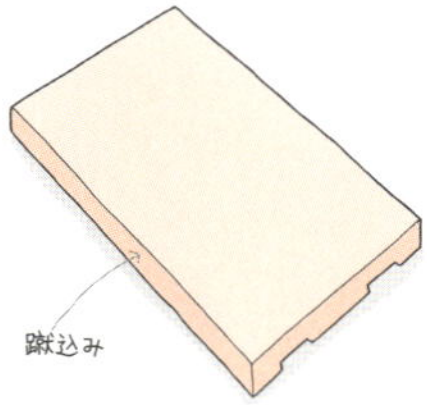


大道具（舞台美術）のスタッフで、抜けがちなところなのですが、「蹴込（けこ）み」の処理です。蹴込みとは、たとえば、舞台上で高い場所をつくるために平台等で段を組む際の前面・側面の装飾や目隠しのことを言います。装飾はベニヤ板や発泡スチロール、市販の装飾品で、目隠しは主に黒布で処理します。学校演劇では蹴込みの処理をせず台の木目がそのまま露出していることも多く、そうした細々とした配慮ができてこそ、大道具（舞台美術）スタッフの腕の見せ所です。

### まとめ

**ステップアップのために これだけは心がけよう!!**

①大道具スタッフは稽古場と舞台との橋渡し役として、役者と常に情報交換しよう。
②舞台上のことなら役者に提案することも大道具スタッフの役割。

コツ 44

# たとえ言い合いをしても お互いを認め合おう

いよいよ本番間近！　メンバーの気持ちがより一層本気モードになってきた段階で、起きがちなのが、話し合いをしているつもりがいつの間にか喧嘩になっていること。本項では、そうならないための心がけやなったときの対処のコツをお伝えします。

## ポイント 1 「多様性」の怖さを理解する

練習が進んでくると、メンバー各人が自身の演技やメンバーとの演技が思い通りにいかないことが多く、そのときに心が狭くなって、話し合いのつもりが、つい言い合いになり、さらに喧嘩に発展しまうことが起こりがちです。このようなことが、実は部活を辞める原因になることもあるのです。演技には正解がないため、ともすると自分の演技に対するメンバーからの指摘に感情的に反応してしまうことが起きがちです。そうならないようにするためには、メンバー間での意見や考え方の違いは当然起き得るものとして各人が理解しておくことが大切です。

## ポイント 2 台本上でやってきた「対話」を自分達にも

台本を使って練習する際、共演者との読み合わせや共演者との対話、お互いに台本に書かれたことへの解釈を深めていくことなどが大切だと述べましたが、実際の自分たちの人間関係においては、それができないことが多いのが現状です。
台本上ではメンバーが皆、それぞれに対する理解を深めることをやっているのですから、もし感情優先になってしまいがちなときには、台本の原点に立ち戻り、感情優先にならずに
冷静になって台本でやっていることを実際の人間関係でもやっていきましょう。

## ポイント 3 最終的な目的を共有しよう

言い合いになると、ともすると演劇の目的ではない議論を始めがちなのもよくあることです。たとえば、その人の個人的なこと（欠点や性格、クセ、習慣など）をやり玉に挙げて、「そんなおまえの言うことなど聞きたくない」と。そしてその発言がその場の雰囲気、他のメンバーの納得感をつくってしまうことも往々にしてあります。そのような展開になりがちなときは、今一度、最終的な目的（自分たちが良いものをつくるために、どういう劇をつくりたいのか）を思い返して、お互いに認め合い、腹を割って話せる関係づくりを心がけましょう。

### まとめ

**ステップアップのために
これだけは心がけよう!!**

①メンバー間での意見や考え方の違いは当然起き得るものとして各人が理解しておくことが大切。
②台本でやっていることを実際の人間関係でもやっていこう。
③お互いに認め合い、腹を割って話せる関係づくりを心がけよう。

コツ 45

# 今までの稽古から一旦離れて、自分の「言う」「聴く」「見る」を確認しよう!

稽古が進んで行くと、役者はセリフがすらすらと出てくるようになり、役者同士のセリフのかけ合いにも慣れがでてきます。すると、お互い感情のこもったやり取りをしているつもりになっていても、だんだんといつの間にか、おざなりな決まったやり取りになっていたりします。そうならないためにも、少しこのへんで自分を振り返ってみることが大切です。

## ポイント 1 相手の言葉を「聴く」ことに集中してみよう!

この時期は振出しに戻ったつもりになって、まず「聴く」ことをしてほしいなと思います。その方法として、背中合わせで実際に今までつけた動きなどから一旦離れて、体育座りで背中を合わせた状態でセリフを言っていきます。顔が見えないため、背後に相手を感じながら、相手の言っていることをしっかり聴いてみましょう。相手の言葉が聴こえてきたら、そのときに、自分に湧いた言葉やその感情の流れを大事にしながら(今まで稽古してきたことから離れて)、しっかりと聴いてセリフを出すということをしてみてください。

### ワンポイントアドバイス

お互いに慣れが出てくるといつの間にかセリフに気持ちをこめているつもりになっています。この段階で、一度こうした新たな方法でリセットすることをお勧めします。

## ポイント 2 相手を「見る」ことに集中してみよう!

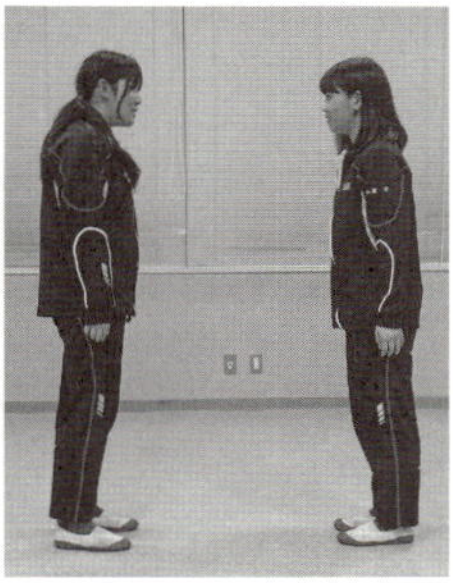

「見る」ということは、今度は逆に向かい合って、目線は一切外さずに、動きなども一切排除して、目のやり取りだけで言葉を伝えていくようなイメージでセリフを言い合っていきましょう。その際に一切目を離さないのがポイントです。なぜこのようにするかというと、人は感情的になっていくと、目線が落ちてしまう人が多いからです。ある感情的な場面を演じさせると、単に表現のほうに意識が向いてしまい、たとえば、「悔しいです」という格好を見せてはいるものの、独りよがりの演技になってしまいがちです。目をじっと見ていることができないのです。この癖を直すためにもこの方法は効果があります。

## ポイント 3 両者の間に第三者を加えてみよう!

最後に、第三者を加えてみます。これも【コツ14】で紹介した聴き手つきのスピーチと同じで、シーンをやっている最中に、全然関係ない1人の聴き手が入って、「そうなんだ」「大変だったね」と言ってみたり、「なんでそんな怒ってんの?」などと質問していきます。質問されたほうは、それに答えていきます。言わば、台本の抜き打ちテストのような感じで、理解できているか役者本人に気づかせたり、慣れを排除してその場で会話する感覚を取り戻します。

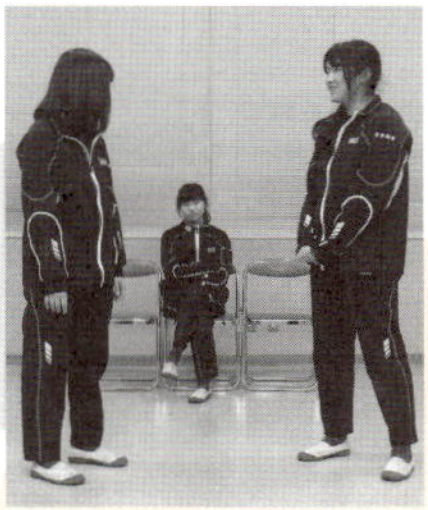

### まとめ

**ステップアップのために**
**これだけは心がけよう!!**

①背中合わせになって、背後に相手を感じながら、相手の言っていることをしっかり聴いてみよう。
②向かい合って、目線は一切外さずに、動きなども一切排除して、目のやり取りだけでセリフを言い合ってみよう。
③全然関係ない1人の聴き手を間に入れて役者に質問させよう。

コツ 46

# 稽古にバリエーションをつけていこう!

本番1カ月くらい前のこの時期は、一度ひと通り完成した段階に来ていると考えられます。よくありがちな状態として、今のレベルのお芝居を何とか維持しようとします。しかし、今まで正解だと思っていた演技を、ここで疑ってみることが大切です。

## ポイント 1 ありえないことをやってみよう!

一旦完成させることだけを目指してここまで来たと思います。しかし、気分転換だと思って、今までの台本のストーリーにはない展開を演じてみたり、ありえないセリフの解釈をしてみたりして、新たな刺激を演技に入れていきましょう。【ポイント13（全体感を高めるYes and)】の精神が生きてくるでしょう。

### ワンポイントアドバイス

個々の役者と全体の演技力をより高めるためには、その状態を一度壊してみることも必要だと考えます。ぜひさまざまな稽古に取り組んでみてください。

## ポイント 2 配役を替えてやってみよう!

それぞれの役者が自分の配役ではない役柄にチャレンジをするのです。そうしているうちに、もともと配役の人ができなかったことが、その人からヒントを得たりすることや、新しい発見があったりするかもしれません。見ている内にやりたくなった役を志願したり、スタッフ担当が役をやってももちろんいいです。いずれにせよ、お互いに刺激になって新たなアイデアを生むきっかけになる可能性があります。

## ポイント 3 早回し稽古をしよう!

その他としては、早回し稽古と言って、たとえば1ページから2ページまでのシーンが大体3分ぐらいかかるお芝居だとします。それを、半分の時間でやってみるということです。実際に時間を測って、タイムトライアルのような感じです。早口で、動きも早回しで演じます。そのときに滑舌もきちんと意識しながら演じてみるといいでしょう。改めて自分の無意識についていた言い方の癖などに気づき、修正するチャンスにつながります。

### まとめ

**ステップアップのために これだけは心がけよう!!**

①今までの台本のストーリーにはない展開を演じてみたり、ありえないセリフの解釈をしてみたりしてみよう。
②それぞれの役者が自分の配役ではない役柄にチャレンジをしてみよう。
③早回し稽古にチャレンジしてみよう。

コツ 47

# 上演会の宣伝のコツを身につけよう!

演劇は観客がいないと成立しません。そこで本項では、多くの人に観に来てもらうためにはどのようにしていけばいいのか、そのコツや注意すべきことをお伝えします。

## ポイント 1 自分たちの芝居を「観てもらう」ことの意義を考えよう

上演会は、稽古の成果を発表する場ですが、みなさんがいくら頑張って準備をしてきても、演劇は観客がいないと成立しません。なぜこの作品を選んだのか？　観に来てくれた方々に何を伝えたいのか？　みなさんなりの何かのメッセージを伝えたいから、何か月も準備して本番の上演会に臨むのです。自分たちのお芝居を宣伝しようとするとき、もう一度そうした思いを振り返って、なぜ自分たちのお芝居を観てもらいたいのかを考えてみましょう。

【自分たちの演劇を観てもらうことの意義はどこに?】
・自分たちのこれまでの練習成果を観てほしい
・自分たちなりのメッセージを受け取ってほしい
・物語の内容に感動してもらいたい
・自分たちが提起したテーマを考えてほしい
など、みなさんはどのような意義があると考えていますか?

**ワンポイントアドバイス**

特にネットの怖さを知らないでSNSを利用している人が多いので、便利だけど危険が多いということも心得ておきましょう。

## ポイント2 宣伝のタイミングと必要な情報を漏れなく盛り込もう！

中学校生・高校生の段階であれば、仲のいい友達や保護者、クラスメイト、他校の演劇部のメンバーなどに、しっかりと演劇の内容を伝えることが大事です。伝え方は、最低限1カ月前にはどんなお話か、いつどこで、観るためにはどのような方法があるのか（予約制なのか、予約なしで当日行ったら観劇できるのか）、入場料の有無、問い合わせ先など、必要な情報を盛り込んだ案内（チラシなど）を作成して宣伝をしっかりやりましょう。

注：通信機器を使用の際は、必ず校則に従ってください。

## ポイント3 特にSNS（ソーシャル・ネットワーキング・サービス）には注意しよう

最近、ツイッターやラインなどのSNSを利用して、日々の稽古の様子や上演会開催案内などを知らせている演劇部も増えてきました。SNSは手軽にPRできる媒体として便利ですが、利用にあたっては注意が必要です。それは、学校外、世界中の人々に見られる媒体です。閲覧者は善意のある人たちとばかりとは限りません。悪意のある人も見ている危険性があるため、特に個人情報の取り扱い（氏名や誕生日、メンバーの家の写真や住所、家族の名前ほか）や、閲覧者からのダイレクトメッセージには十分注意してください。

### まとめ

**ステップアップのために**
**これだけは心がけよう!!**

①観てもらうことの意義を考えよう！
②案内は宣伝のタイミングに注意することと必要な情報を漏れなく盛り込こと。
③SNSを利用するには十分注意すること。

コツ 48

# 上演する会場を下見したら、メンバーや会場スタッフに具体的なイメージを伝えよう

大きな演劇の大会があるとき、会場への打ち合わせと共に舞台の下見ができる機会があります。本項では、その際の下見のチェックポイントや一緒に行けなかった演劇部のメンバーや会場スタッフへの伝え方について、そのコツをお伝えいたします。

## ポイント 1 声の響き、袖までの距離はどうかをチェックしよう!

できれば役者も一緒に行って、その会場で発声をしてみて、声がどのぐらい届くのかを確認しましょう。その際には、実際に発声する人と客席から聞く人がいて、どの程度の声の大きさが出せれば一番奥の客席まで声が届くのかを確認することが大切です。また、同じように大切なのが、舞台中央と袖（舞台袖）までの距離を知ることです。袖にはどのくらいのスペースがあるのか、楽屋から袖までどのくらいの距離があるのか、舞台中央までどのぐらいの距離があるのか、その点をチェックしてみましょう。

### ワンポイントアドバイス

役者に着替えがあるお芝居の場合に、着替えをどこでやるか、舞台袖なのか、楽屋なのか、あるいはその前の通路でできるのかなど、予めチェックしておくことは重要です。また、舞台転換がある場合、小道具や大道具などを置ける場所も確認しておきましょう。

## ポイント 2 担当メンバーに伝えること

会場において他にチェックが必要なことは、照明音響機材の種類、大道具のセットを持ち運ぶ場合、搬入口の大きさや通路の幅がどのくらいあるのか、搬入経路はどうか、大道具のセットを置く場所はどこか、などの確認です。そしてそのことを担当メンバーに伝えましょう。

## ポイント 3 会場スタッフへ具体的なイメージを伝えよう!

大会の場合、地区によりますが、会場にプロの技術スタッフがいる場合は、その場に行ったメンバーは、そのスタッフに対して照明プランや大道具の数、大きさ等を伝えるヒアリングがあります。その際、プロと話すから専門的な話をしなければいけないと気負う必要はありません。大事なことは、自分たちがやりたいことのイメージを伝えることです。たとえば、照明の場合、作品の中でのこのシーンには夕焼けの明かりがつくりたい、このシーンはショッキングな事件が起きてしまうので、赤い感じの色にしたいなどのイメージを伝えることが大切です。

【会場スタッフに伝えることの例】
照明：
・シーンごとの具体的なイメージ
大道具：
・舞台セットの大きさ
・舞台セットの数
・吊り物の有無

### まとめ

**ステップアップのためにこれだけは心がけよう!!**

①舞台中央から袖までの距離、会場内での声の響きを確認しよう。
②大道具の搬入口、経路や大道具や小道具の置き場などを確認してメンバーに伝えよう。
③会場スタッフには具体的な大きさやイメージを伝えよう。

コツ 49

# 細かいところまで、タイミングを意識できるようになろう!～衣装・小道具～

いざ舞台に立つと、緊張や興奮のために、何とか練習通りにセリフは言えたとしても、細かなことで注意が散漫になることがあります。衣装に合わせて履く靴などはその典型です。
本項では、本番に備えて稽古中から細かなところまで意識ができるようになるためのコツをお伝えします。

## ポイント 1 衣装に関しては「足元」に注意しよう!

特に衣装に関しては、足元、靴に注意しましょう。履き慣れていないものだと歩くのが不自然になるため、靴はなるべく早めに用意して慣れておきましょう。また、シーンごとに靴を脱いだり履いたりする場合、ともすると履いてなければならないシーンで脱げていたり、その逆も起こりがちです。そうならないためには、常に練習の段階から、このシーン脱いでいる、このシーンでは履いている、脱いだ靴はどこに置いておけばいいのかとった、細かいところまで意識ができるようにしておきましょう。

### ワンポイントアドバイス

小物類をしっかりと管理していない場合が多く見受けられます。本番で物が思うように使えなかったということがよくあります。しっかり管理しましょう。

## ポイント 2 小道具がなかった場合は仮道具を用意しよう!

使いたい物がすぐ手に入らないときや作らなければならない道具類があったときは、何か代用できる仮道具を用意して稽古しましょう。この小道具は次のシーンで持っていてはいけないのにハケる方法を考えてなかった、など起きやすく、仮道具があることで早い段階からシーン毎に必要・不要な道具を把握でき、道具の出ハケを考えることが可能です。

## ポイント 3 衣装、小物類を舞台で使う場合は管理を徹底しよう!

プロの世界では、役者の登場・退場するタイミングやその際にどこの出ハケ口を使うか、舞台で使う道具類をどのシーンで登場させ、どの時点でどこに移動させるかなどは「香盤表（こうばんひょう）」を作成して管理しています。中学生・高校生の演劇で香盤表を作成することはあまりないですが、衣装やそうした細かな道具類において、このシーンで出てなきゃいけない小道具はどれなのか、上手（かみて）にあった小道具が次のシーンでは下手（しもて）になければいけない場合、どのように誰がそれを動かすのかなどをしっかりとメンバー間で話し合い、それぞれが把握しておきましょう。

**まとめ**

**ステップアップのために
これだけは心がけよう!!**

①靴の着脱があるお芝居は、日ごろから練習して意識に根づかせておこう。
②本番で間に合わない小物類は代用品を探す。
③小物類の細かな移動がともなうお芝居では、それをどのように扱うかをメンバー同士でしっかり話し合おう。

コツ 50

# 衣装道具類の世界観の確認と適切な管理をしよう!

本番直前の会場への衣装道具類の搬入では意外と焦って忘れ物をしがちです。衣装道具類の世界観の確認とともに、持ち運ばなければならない物品をなんとなく把握するのではなく、リストに基づいてチェックして運ぶことが大切です。

## ポイント 1 衣装道具類の世界観の確認をしよう!

そのお芝居は、どんな物語･内容なのか、たとえば、そのお芝居では道具を使うのか使わないのか、道具を使うとしたら、その物語・内容にふさわしい道具は揃ったか、何も道具を使わないなら演じ方はどうか、役者の服装はどうかなど、お芝居全体の見せ方が統一されているかを、最終確認しましょう。

### ワンポイントアドバイス

誰がどういう物品を持っているのかをメンバー全体で把握しておきましょう。

ポイント

## 2 衣装道具類を運ぶ際に注意すること

特にトラックなどの車に物品を積んで運ぶ場合、実際、そのときに持って行き忘れることが非常に多く発生しています。本番直前の稽古続きでみんな疲れていることや、ギリギリまでの練習でバタバタしてしまい、うっかりして忘れてしまうのでしょう。そのようなことがないよう、すでに衣装道具類のリストづくりの大切さは述べていますが、本番の会場へ物品を運ぶ際は、そのリストをもとに一個一個チェックをするなど、全部あることを確認して運びましょう。また、運ぶ際の梱包にも気をつけてください。梱包にも気をつけて下さい。衣装が道具に引っかかって破れたり、突起のある舞台セットが他のセットを壊してしまったりする場合もあります。また大道具類は下見の際に確認した搬入経路・搬入口のサイズ（【コツ44（下見）】参照）に納まるサイズでつくっていますか？　大きすぎる場合は小分けにして、会場で組み立てる工夫も必要になります。

ポイント

## 3 役者は衣装道具類の管理を他人任せにしない

衣装班や小道具班など、担当のスタッフがついていると、その人が管理をすればいいと思いがちですが、役者は自分の持ち物に関してはしっかりと把握して主体的に管理をしましょう。各担当スタッフは全体をまとめる責任者です。あなた専属のお手伝いさんではありません。自身で責任をもって管理し、各担当スタッフとダブルチェックをするくらいの気持ちでいましょう。

### まとめ

**ステップアップのために これだけは心がけよう!!**

①衣装道具類の世界観の確認をする。
②本番の会場へ物品を運ぶ際は、そのリストをもとに1個1個チェックをする。
③役者は衣装道具類の管理を他人任せにしない。

コツ 51

# 本番前には必ずゲネプロ（ドレスリハーサル）を行おう！

上演直前、通常、大きな大会を控えているときは1週間前、あるいは、自身の学校の中で自主上演の場合には、本番前日に行うこともありますが、この時点では本番と限りなく同じ状態で行う通し稽古「ゲネプロ」をしましょう。

※ゲネプロとは、役者をはじめ、舞台装置や衣裳、音響、照明などさまざまなスタッフが総合的に最終チェックを行う通し稽古のこと。ドレスリハーサル (dress rehearsal) という言い方もある。

## ポイント 1 可能な限り実際の舞台装置や衣装、実寸大の舞台で行おう！

会場入り前に行う最後のリハーサルです。たとえば、高校生の場合ですと、大会会場に入るまで劇場を使うことがないため、可能ならば体育館や近くの公民館などを借りて、舞台のサイズや大道具、衣装、音響などはすべて可能な限り同じ状態や物を使ってリハーサルを行いましょう。

### ワンポイントアドバイス

この段階では、特に安全第一が大切です。

## ポイント 2 関係者にお披露目をしよう!

この通し稽古は、できれば関係者にお披露目をすることをお勧めします。観客は少なくても多くても構いません。学校の職員やクラスメイトたちに声をかけて、実際の観客の前でお芝居をしてみましょう。このことによって、観客を前にする本番さながらの体験ができます。

## ポイント 3 観客を入れていても、舞台はあくまで安全第一を

舞台では、どんなアクシデントが起こるかわかりません。予めアクシデントが起きないように配慮することはもちろんですが、開演中に役者が体調不良を起こして具合が悪くなったり、役者やスタッフでケガをする人が出たりする場合もあります。そのようなときには、お芝居を中断するなどしてその回復や治療を優先しましょう。この段階では決して無理をしてはいけません。したがって、関係者への案内の際には、何か起きたときはお芝居の中断や中止もあり得ることも伝えておくとよいでしょう。

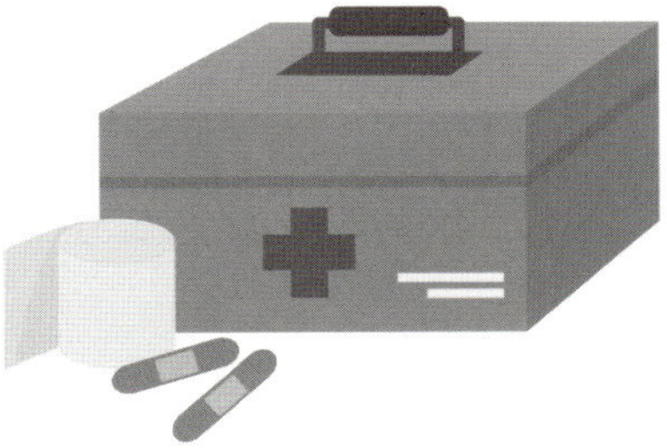

**まとめ**

**ステップアップのためにこれだけは心がけよう!!**

①可能な限り同じ状態や物を使ってリハーサルを行おう。
②お披露目をしよう。
③決して無理をしないことを心がけよう。

# 「ダメ出し」ではなく「ノート」

「ダメ出し」という言葉があります。
通し稽古やシーン稽古をした際に演出担当、もしくは見ていた人からのフィードバックのことを言いますが「ダメ」を「出す」って、なんだか怖く感じませんか？
本来のダメ出しは解釈の擦り合わせや修正点の提案をして本番に向けて劇をよりよくしていくための大事な作業です。役者側も演出側もお互いに敬意を持ち、よかった点があれば「よかった」と伝えるのも大事なダメ出しです。
しかし、

「こんなこともわからないの？　バカなの？」
「ヘタ過ぎて何がしたいのか全然伝わってこない」
「は？　意味わかんないんだけど」

実際に聞いたことのある高校生のダメ出しです。
とても攻撃的で、これでは役者を精神的に追い込むだけになってしまいます。
見ている側も「ダメ出しするために悪い所見つけなきゃ」と粗探しの視線しか持てなくなります。

そこで、「ダメ出し」に代わり「ノート」という言葉を使ってみましょう。
「ノート」は海外の演出家に倣（なら）い、日本の演出家の間でも多く使われれるようになっています。

ダメ出しもノートも本来の意味を解っていれば言い方の違いでしかないのですが、特に中高生の場合は、自分達がその意味を理解していても、後輩達、更にその後輩達・・・となったときに「ダメ出し」の言葉だけが伝わり、「ダメ」を「出す」だけの日がいつか来ます。そうならないためにも「ノート」という言葉を伝えていきましょう。

# 4章

# 万全の状態で本番を迎えよう!

コツ 52

# 舞台監督の役割を再確認しよう!

ここで改めて舞台監督の役割を確認したいと思います。
舞台監督は、演劇の舞台を成功させるために、舞台上でのすべての要素を調整する責任があります。
ここで述べていることを実行できるようにしましょう。

## ポイント 1 リハーサル、本番は舞台監督の指示で

舞台監督は、舞台上のセット、照明、音響から出演者の衣装、メイクなど、すべての要素を調整し、舞台上で最大限の成果が得られるように各メンバーに指示を出していく役割を持ちます。したがって、リハーサルや本番時には、舞台監督の下で皆が協力し合いながら動いていくことが大切です。

## ポイント 2 プレイヤーになることはなるべく避ける

実際の舞台現場でありがちなことのひとつとして、舞台監督が裏方（大道具や小道具担当）の役割を兼務する、もしくは手伝ってしまうことが往々にしてあります。そのように、裏の細かい作業をしていると、本来舞台監督がやるべき全体の管理・監督がおろそかになってしまう危険性があります。何か他でトラブルが起きていたり、手が空いて時間を持て余している人がいても適切に指示が出せなくなってしまいかねません。なるべく舞台監督自体は動かないで全体を見ながら、誰が何をするかの指示が出せるようにしておきましょう。

## ポイント 3 安全管理も大切な役割のひとつ

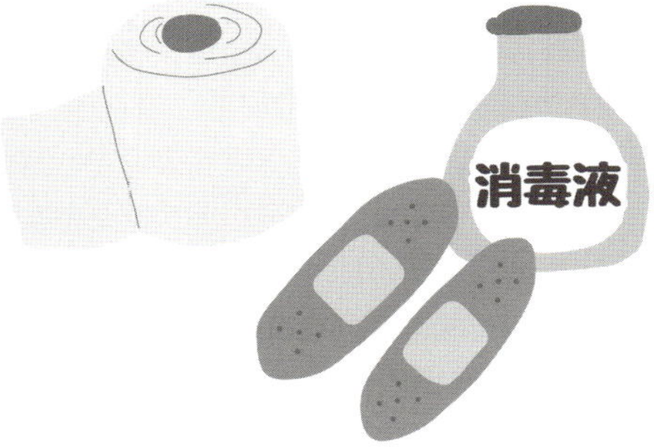


舞台監督の大切な役割のひとつに「安全管理」があります。舞台上での演出や舞台設置などを管理する責任はもちろん、そこに関わるスタッフが安全に作業を行っているか、出演者に危険はないかなどを管理監督する役割もあります。また、舞台装置のみならず、たとえば新型コロナなどの感染症から観客や出演者、舞台周りのスタッフを守るために舞台監督が責任をもって対策を講じる役割を持ちます。

**まとめ**

**ステップアップのためにこれだけは心がけよう!!**

①リハーサル、本番を指示する。
②一プレイヤーにならないように立場を理解する。
③安全管理を怠らない。

コツ 53

# 本番の舞台でのリハーサルの前にプレリハーサルを行おう!

ゲネプロも終えて、いよいよリハーサルを迎えます（大会の場合と自主上演の場合で少し事情が変わりますが、大会の場合、本番の前日か前々日に劇場でのリハーサルが用意されています）本項では、そのリハーサルのためのリハーサル（プレリハーサル）を行う大切さをお伝えします。

## ポイント 1 タイムキーパーをつけよう!

限られた時間の中で効率よく自分たちのやりたいことをこなす必要があります。そのためにタイムキーパーをつけましょう。本来、タイムキープは舞台監督の仕事ですが、舞台監督が舞台上での作業を担当する場合、できればタイムキープ専任のメンバーを客席に置きます。舞台セットの規模によって撤収にかかる時間は5～10分だと思いますが、最初に撤収時間を設定し、タイムキーパーは大きな声で「撤収まであと〇分」と適宜メンバーに伝達しましょう。

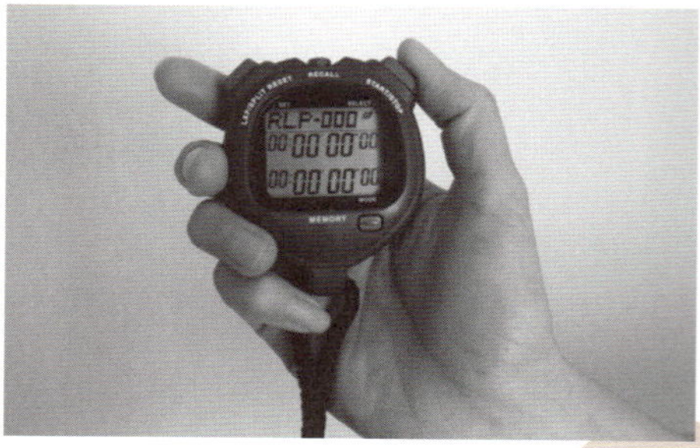


### ワンポイントアドバイス

プレリハーサルは限られた時間の中で効率よく行いましょう。

## ポイント 2 「場当たり」に優先順位の番号をつけよう!

照明や音響のきっかけや、舞台装置の仕掛けなどを本番と同じような状況で確認することを「場当たり」と言いますが、各きっかけに「場当たり番号」をつけて各番号が何ページのどのセリフからどこまでをやるのかを一覧にしてメンバー間で共有しましょう。その場当たり番号に優先順位をつけておくと、予定通りに進行できていないときに優先すべき場当たりが分かり、「場当たり番号○番やります」と言うだけで、どこをやるのか全員がすぐに把握できます。

【場当たりの優先順位例】
1. 照明のきっかけ
2. 舞台装置の仕掛け（吊り物など）
3. 音響のきっかけ
4. 暗転中の動き
5. 道具類の移動と出ハケ、早替え

## ポイント 3 各自がやることを把握・最終確認しよう!

【コツ53（トラブルへの対応）】にも通じることですが、この時点でも、臨機応変に対応できるように、常に本番と本番で起こり得るトラブルを想定し、最終確認することが大切です。仮にリハーサルで思い通りに進まなかった場合、イメージ・トレーニングだけで対応できそうか、危険を伴うから演出を変えた方がいいのか、リスクも考えておきましょう。それが済めば、本番に自信をもって望めます。

**まとめ**

**ステップアップのためにこれだけは心がけよう!!**

①プレリハーサルはタイムキーパーをつけて行おう。
②「場当たり」に優先順位の番号をつけよう!
③各自がやることを把握して最終確認しよう。

コツ 54

# 本番直前のリハーサルは、自分の役割に徹しよう!

実際のリハーサルです。本項では、本番直前のこの機会に、この時点での大切なチェックポイントをお伝えします。

## ポイント 1 リハーサルですべきことを確認しよう!

プレリハーサルの経験をもとにタイムキーパーをつけながら実際のリハーサルを行いますが、ここではリハーサルですべきことを確認しましょう。舞台班・音響・照明は各自の作業がありますが、役者は自分が使う導線、衣装や小道具置き場の確認、可能なら声だしもしたいですが、その際は各スタッフの作業を邪魔しないよう注意しましょう。各作業が終わったら、前のコツで紹介したように場当たりを行います。場当たりは基本的には本番の舞台上でしか確認できないことが最優先になります。照明や吊り物などがそれにあたるでしょう。

【リハーサルで確認すべきこと】
・舞台セットの仕込み、場ミリ
・シーン毎の明かりづくり
・音響レベルチェック
・役者導線や置き場の確認
・場当たり

### ワンポイントアドバイス

特に出番が終わった、もしくは、もうやる用事がないときは客席に居るようにしましょう。何かあったときにすぐに呼ばれたり、動けたりするように待機していましょう。

## ポイント 2 音響のレベルチェックをしよう!

音響のボリュームチェックのことを「レベルチェック」と言いますが、ただ音を出してレベルを決めるのではなく、セリフ中にかかる曲だったら実際に役者に本番と同様の声量でセリフを言ってもらいましょう。音が大きすぎて肝心の役者のセリフが観客に届かないということは、実は学校演劇ではよく起こるミスです。

## ポイント 3 吊《つ》り物《もの》のチェックをしよう!

吊り物とは、舞台上部に設置されている美術バトンに飾る（吊り込む）舞台美術のセットや幕類、看板などのことを言います。舞台に高さが出て豪華な雰囲気を出せますが、吊り込みは、自分達で勝手にやらないで、技術スタッフ、施設側の指示を仰ぎましょう。会場にプロのスタッフがいない場合は、経験のある先生などにサポートを仰ぎましょう。

【吊り物使用時の注意点】
・バトン昇降時は必ず大きな声で言う（「バトンアップ・ダウンします！」）
・バトン昇降、作業時はバトンの下に入らない
・美術バトンの積載荷重範囲内であることを確認する
・吊り点（バトンに結ぶ箇所）を均等に複数用意し荷重を分散させる
・吊り込んだ物を上げたときに周りの機構と接触がないか前後を確認する
・(幕の場合）簡単に解ける結び方は避ける。

**まとめ**

**ステップアップのためにこれだけは心がけよう!!**

①音響のレベルチェックをする。
②役者の早替えの場所と時間を確認する。
③吊り物のチェックをする。

コツ 55

# 上演する会場に入ったら、本番前にプリセットを確認しよう!

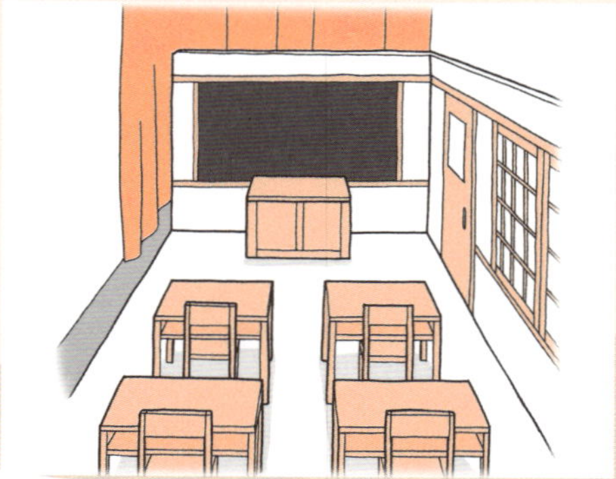

本番前には必ずプリセットの状態を確認しましょう。本項では、中でも大切なチェックポイントをお伝えいたします。
※プリセットとは、本番直前に大道具や小道具、衣装がセットされていることを言います。

## ポイント 1 プリセットを確認する大切さを認識しよう!

プリセット確認は、表面的な確認もそうですが、劇中で使用予定の個々に仕込まれた細かな道具類の確認も大切です。そのことができていないと、いざ本番で、演技上不可欠な物、必要な物がなくて、その芝居の内容にリアリティさが欠け、イマイチだったと思われかねません。

### ワンポイントアドバイス

プリセットの確認をしないままにしておくと、使う予定の道具類が無かったり、壊れたりした状態のままで本番を迎えることになりかねません。そのようなことが起きることのないようにしましょう。

ポイント 2

## 仕込んでおくべき小道具等の確認をしよう!

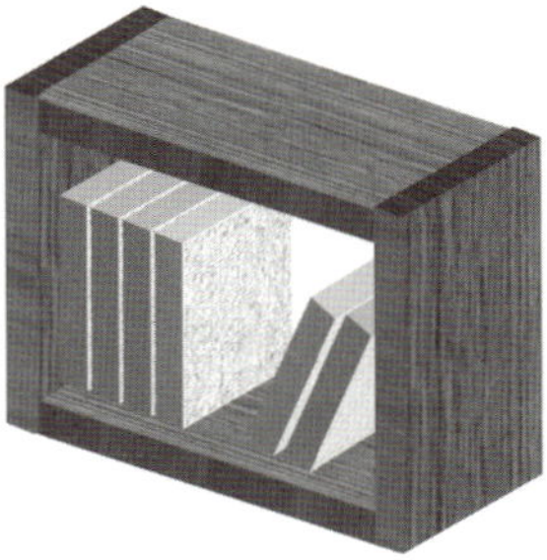

セットの中に必要な道具類がきっちりとあるかを確認するということです。たとえば、棚に本が入っているか、机の引き出しにノートが入っているかなど細かい道具類をリストをもとに一個一個きっちりとあるかどうかを確認。掛かっていなければならない衣装や小物もある、靴もある、靴を履き替えなければいけないシーンがある場合、履き替え用の靴がその場所にあるかどうか、そういったことを全部確認しておくことが大切です。

ポイント 3

## 衣装の状態を確認しよう!

衣装の状態確認もしましょう。これも、衣装スタッフはもとより、役者は衣装スタッフに任せきりにしないことが大切です。襟が曲がっていないか、ボタンがはずれそうになっていないか、ストッキングが伝線していないか、着替えの度にチェックしましょう。2人で確認し合えば、見落としがちな些細なことにも気づくことができます。

**まとめ**

**ステップアップのために**
**これだけは心がけよう!!**

①プリセットの確認は必須事項だと心得よう。
②お芝居において、セットへの仕込みの確認は大切。
③見過ごされがちな衣装の状態確認をしっかりする。

コツ 56

# 配信についての知識を持とう!

演劇作品動画を制作する際には、スマートフォンでアプリケーションを使用することで、より高品質な動画が撮影できます。本項では、動画作品を制作・配信する上での注意点についてお伝えします。

## ポイント 1 スマートフォンのカメラ、定点映像で十分!

自分たちの演劇作品を動画にして動画配信サイトなどに投稿することがあるでしょう。
そのようなときには特別なカメラを購入せずともスマートフォンが１台あれば動画を制作することができます。しかし、スマートフォンでの動画撮影には、手ぶれや振動、光量の不足、フォーカスや露出の調整不足、ズーム時の画質の劣化(デジタルズームの場合)、記録媒体の性能不足やスマホの内蔵ストレージの容量不足による保存の失敗などに注意しましょう。

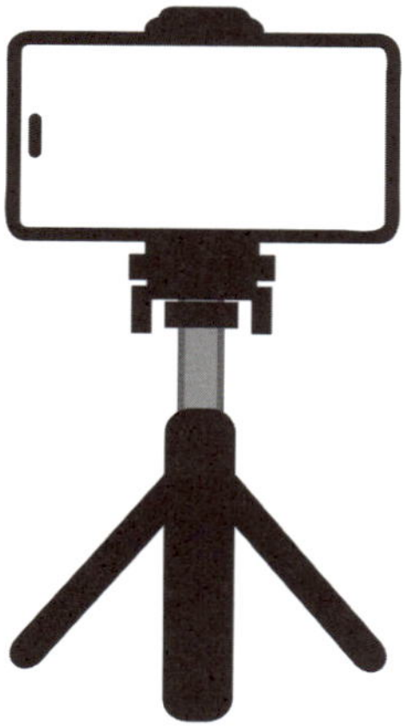

## ポイント 2 高品質な動画作品を作成するには

スマートフォンで演劇作品を制作する際には、アプリケーションを使用することで、より高品質な動画を撮影できます。特に、専用のビデオエディターアプリを使用すると、撮影した映像を加工したり、音声やBGMを追加したりすることができます。ただし、ビデオエディターアプリを使用する際には、アプリの操作方法や設定方法を熟知しておくことが重要です。また、アプリのデータ容量にも注意し、スマートフォンの容量に余裕があるかどうかも確認しておく必要があります。

## ポイント 3 良い画質で撮影するためには

良い画質で撮影するためには主に以下のような点に注意することが大切です。

**良い画質で撮影するポイント**

| 要素 | 解説 |
| --- | --- |
| 照明 | 撮影する場所の明るさに注意が必要です。暗い場所では、画面が暗くなり、映像が粗くなる可能性があります。 |
| ズーム機能 | 光学ズームとデジタルズームの2種類あります。光学ズームは、レンズを使って光学的に拡大するため、より高品質な画像を撮影することができます。一方、デジタルズームは、画像の拡大率が高くなるほど画質が低下する傾向があります。したがって、使用するスマートフォンはどうかをあらかじめ調べておきましょう。 |
| カメラの安定性 | カメラが揺れたりすると、映像がぼやけたり、乱れたりすることがあります。カメラを安定させるために、三脚を使って撮影するか、スマホの手振れ補正機能を活用しましょう。 |

## ポイント 4 音最優先、白飛び注意!

もう少し高品質な作品づくりにこだわる余裕があれば、「音最優先」「白飛びに注意」しましょう。音については、内臓マイクによる音の収録では、スマホのボタンを押す音や手を持ち替えたときの音などが直接録音されてしまって聞き苦しいことがあります。そこで、指向性のある外付けマイクを使うことをおすすめします。また、照明の明かりが強いと起こりやすいのが被写体の白飛びです。このことを防止するためには、なるべく自然光を利用して、被写体が過度に明るくならないように撮影することや被写体を光源から適切に配置することでできる場合があります。また、場合によってはオートフォーカスを解除して被写体を画面上でタップして上下にスワイプすることで明暗を調整できる場合もあります（※）。

※できるできないは機種によるため、あらかじめ機能を確認しましょう。

## ポイント 5 配信形態を知ろう

動画配信形態には、オンデマンド配信、ライブ配信、疑似ライブ配信、ストリーミング配信があります。これらの違いは、オンデマンド配信は、事前に制作した動画を予めサーバーにアップロードしておき、いつでも視聴できるよう配信する方式です。

ライブ配信は、配信サーバーやインターネット回線を経由して、映像や音声をリアルタイムに視聴者に届ける双方向コミュニケーションが実現する配信のことを言います。それに対して、疑似ライブ配信は、事前に収録・編集した動画コンテンツをライブ配信（双方向コミュニケーションが実現）する方法です。また、ストリーミング配信は、視聴したいファイルのデータ全てをダウンロードしてから再生開始するダウンロード配信とは違い、視聴者がインターネットを介して小さく分割されたデータを受信しながら再生するという方式です。

## ポイント 6 目的や条件に合った配信会社を選ぼう

動画配信サービス会社を選定する際には、視聴者のターゲットも考慮し、自分が配信したいコンテンツに適しているかどうかを検討しましょう。また、動画配信サービス会社の配信形式も確認する必要があります。視聴者が動画をストリーミングする際に遅延やブロックなどの問題がないかを確認しましょう。また、動画配信サービス会社によっては利用料金が発生する場合があります。利用料金の仕組みや料金体系を確認しましょう。ちなみに、「YouTube」や「niconico動画」など無料で配信できるサービス（2023年3月末現在）もあります。いずれにせよ、規約などを確認して目的や条件に合った動画配信会社のサービスを利用しましょう。

## ポイント 7 上演を配信する場合の権利関係を知っておこう

上演内容を動画配信する場合の著作権等について理解を深めておく必要があります。たとえ学校利用であっても上演作品には、台本や脚本、音楽や振付など、複数の著作物が含まれており、動画配信する際はそれぞれに著作権の許諾が必要です。また、個人情報保護法やプライバシー権にも配慮する必要があります。

### 作品を配信する場合の注意

| 法律 | 権利内容 |
|---|---|
| 著作権法 | 送信可能化権：著作物を自動公衆送信できる状態にする権利。 |
| 個人情報保護法 | 個人の権利や利益を守るためにつくられた法律。個人情報を本人の同意なしに第三者に提供してはいけない。「個人情報」とは、生存する個人に関する情報で、氏名、生年月日、住所、顔写真などが含まれる。 |
| プライバシー権（憲法 13 条） | 容姿を無断で撮影されたり、撮影されたりしたものを勝手に公表することを禁止する、私生活上の情報を無断で公表されない権利。 |

### まとめ

**ステップアップのためにこれだけは心がけよう!!**

①動画はスマーフォンがあればOK。
②もう少し高品質な作品づくりには音最優先、白飛び注意！
③上演を配信する場合の権利関係を知っておこう。

コツ 57

# 本番は、その会場が我が家だと思ってお客様を招く気持ちで！

本番は誰もが緊張します。しかし、思い方を変えてみてください。それはこの劇場を自分のホームだと思い、心の中で「我が家へようこそ！」と叫んでみてください。どうでしょう。緊張がほぐれてきませんか？本項では、本番を迎えたときの心の持ち方についてお伝えします。

## ポイント 1 ここは自分のホームだと思う

さあここで前に述べた【コツ15ポイント1】を思い出してみましょう。いろいろな場所を細かく見て空間を知ろうというエクササイズでしたね。会場の下見のときにもやっておいて、そのことを思い出しましょう。ここは自分のホーム。これだけこの場所についての情報量を自分は持っていますよと。そのように自信を持って、自分の家だと思ってお客さんを迎え入れましょう。

### ワンポイントアドバイス

緊張して意識やからだがガチガチになりそうになったらぜひ試してみてください。

## ポイント2 イメージ・トレーニングをして緊張をほぐそう!

プロの俳優でもやはり本番は緊張します。そんなとき、彼らがやっているイメージ・トレーニングを紹介します。それは自分の演技が観客に熱烈に歓迎され、大喜びされているシーンを思い浮かべることです。少し恥ずかしいかもしれませんが、これを本番直前に何回もイメージしていると、気持ちが上がり、緊張感からも解放されるでしょう。ぜひ試してみてください。

## ポイント3 視野を広げると意識も広がる!

緊張しているときは、目の視野とともに意識も狭まっています。そんなとき、あえて視野を広げる簡単な方法として、会場の客席の奥の端から端まで、始まる前に眺めてみてください。ここにあれがあるな、ここにこういう人が座っているなというように視野を広げておくことで、意識も自然と広がり、緊張感からも解放されるでしょう。行うタイミングとしては、本番前でも、あるいは本番中でもOKです。ぜひ試してみてください。

### まとめ

**ステップアップのために これだけは心がけよう!!**

①ここは自分のホームだと思う。
②イメージ・トレーニングをして緊張をほぐそう!
③視野を広げると意識も広がり、緊張もほぐれる。

コツ 58

# 本番は お客さんと一緒に楽しもう!

本番は、観客と一緒になって楽しみましょう。自分たちが楽しんでいる姿をお客さんに楽しんでもらう。そのお客さんが楽しんでくれたら自分たちももっとうれしい。そんな場にしましょう。

## ポイント 1 今までの全てのコツはこのためにある!

すべてがここのためにやってきたことなので、気持ちとしては自分たちが楽しみ、それをお客さんに楽しんでもらうということです。お客さんに「もうここは楽しんでね！」という気持ちになることが大切です。

### ワンポイントアドバイス

お互いが楽しめて、舞台と客席との対話が起こればそのお芝居は成功したも同然です。

## ポイント 2 お客さんに楽しんでもらえる演出を考えてみる

舞台上で観客を楽しませるのは当然ですが、通路や客席の間から役者が登場するといったパフォーマンスで驚かせたり、また、観客席に話しかけたりする演出も増えてきました。その演出が作品に合っているのかどうかが大切ですが、お芝居の内容以外にも観客を楽しませる工夫を考えてみると、もっとお互いに楽しめる場となるでしょう。

## ポイント 3 「楽しさ」を無理強いしない

しかし、自分たちが楽しむことを優先して、度が過ぎてはいけません。客席の人を無理に舞台上に引っ張ろうとしたり、無理に客席に割り込んでパフォーマンスをしてみたり、観客が嫌な気持ちを味わうことのないように細心の配慮が大切です。

### まとめ

**ステップアップのためにこれだけは心がけよう!!**

①お客さんに「もうここは楽しんでね!」という気持ちになることが大切。
②お客さんに楽しんでもらえる演出を考えてみよう。
③「楽しさ」を無理強いしない。

コツ 59

# トラブルへの冷静な対応力を身につけよう！

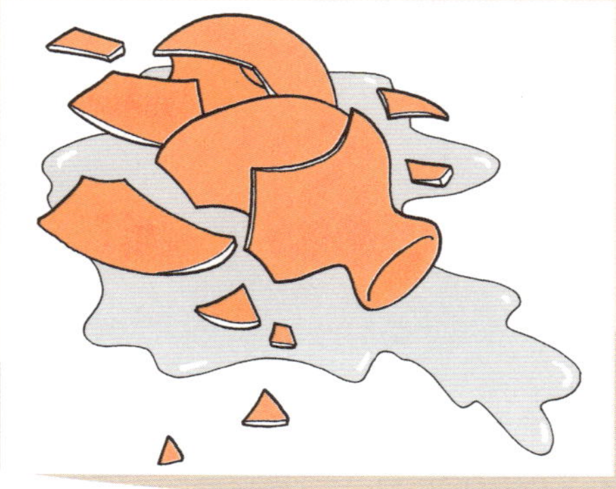

舞台は生き物なので、必ずトラブルは起こるものとして構えておいたほうがいい。しかし、そのトラブルが起こったときに冷静に対応できるかどうかが、被害を最小限に抑えるコツです。

## ポイント 1 「トラブルは起こるもの」と心得ておく

セリフを大きく間違える、緞帳（どんちょう）が上がらない、効果音が出ない、停電する、大きめの地震に襲われる…など、トラブルはいつ起きるかわかりません。必ずしも予定通りのよい条件でお芝居ができるとは限らないことを心得て対処法をいくつも想定しておきましょう。そして、起きた時には慌てず冷静に最善を尽くしましょう。

トラブルなんて怖くない!!
どこからでもかかってこい!!

**ワンポイントアドバイス**

トラブルは怖がらず、その経験をその後に生かすことが大事です。

## ポイント 2 役者に起こりがちなことと対応法

舞台上のトラブルで起こりがちなのは、作成したパネルが倒れる、チェックしたつもりの道具が見つからない、あるいは使っていたら壊れてしまった、舞台のセットで開くはずのドアが開かないなどがあります。もしそうしたトラブルに遭遇してしまったら、たとえばパントマイムに切り替えるなど、慌てずに機転を利かせて、何事もないかのような振る舞いで切り抜けましょう。

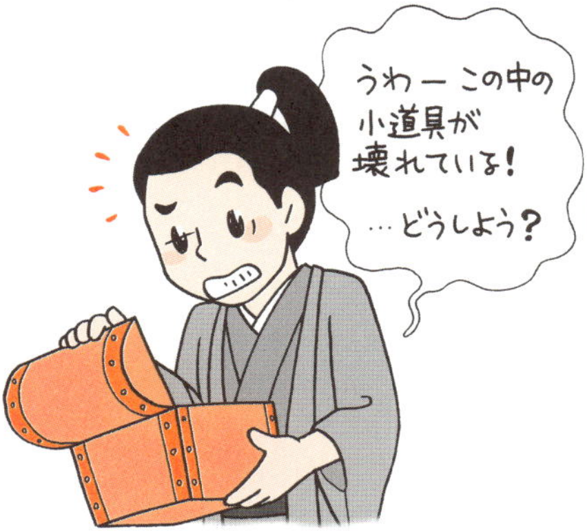
うわー この中の
小道具が
壊れている!
…どうしよう?

## ポイント 3 片づけたり元に戻したりするタイミング

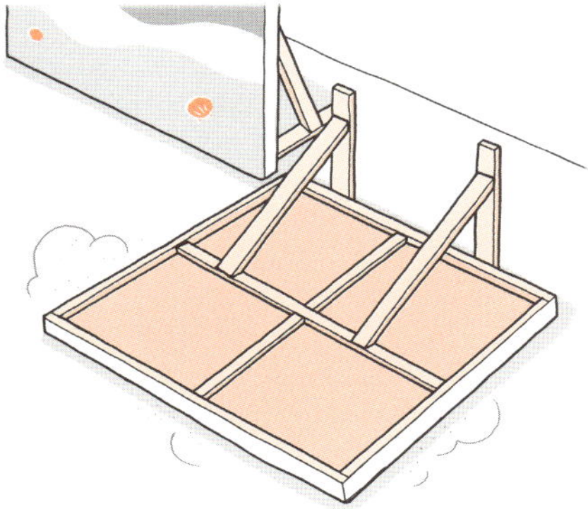

舞台上のトラブルにあったら、スムーズに片づけたり元に戻したりすることが大切です。たとえば、パネルが倒れてしまったら、どのタイミングであったらササッと片付けられるかなと考えます。あるシーンで転換があるからそのときに撤去または立て直すなど、冷静にその場その場で判断していくことが求められます。特に舞台監督は、自分がそういうトラブルのときは出て直していいんだということを意識して動きましょう。

**まとめ**

**ステップアップのためにこれだけは心がけよう!!**

①必ずトラブルは起こるものとして構えておく。
②どんなトラブルに遭遇しても決して慌てない。
③トラブルへの対処には、冷静にその場その場で判断していくことが求められる。

# 自信は大事、過信は禁物

演劇をやる上で、特に役者は自信を持って舞台に立つことはとてもプラスになります。
しかし過信すると失敗に繋がる危険があります。
この自信と過信の違いはなんでしょうか。

基本的に観客は舞台を楽しみたいと思って観ています。そんな中で上演している側が「これは失敗作だ…」とか「自分なんかが演じてごめんなさい…」と思っていると、それは観客に伝わります。本書でも触れているように、演劇は観客の反応があって初めて成立するので、観客に楽しんでもらうためにも自信を持って臨むことが大切です。

その自信を持つためには、根拠が必要です。その根拠とは自分達が積み重ねてきた稽古量や重ねた議論の数です。「色々失敗したけど、その中でも楽しんでもらうためにぎりぎりまで議論を重ねたんだ」「こんな私だけど、今まで創ってきたこの役だけは自分にしかできない」その自信は観客にも伝わりますし、本番前緊張し過ぎてしまった場合に落ち着くための材料にもなります。

対して、根拠のない自信は過信に繋がります。「自分はもう上手にできるから稽古しなくて大丈夫」「もう面白くなったから十分でしょ」そうして稽古にどんどん手を抜いていき、本番で観客から思うような反応がなかったときに途端に焦り始めます。あまつさえ「今日の観客はノリが悪い」などと責任転嫁を始めます。

そうならないためにも過信は捨て、自信をつけていきましょう。

# 5章

# もっと
# レベルアップ
# しよう!

コツ 60

# 反省を生かそう!

コンクールの結果、期待した評価が得られないと、そのことに対する反省で、ともすると自分たちの今までのやり方を全部否定しがちです。そこで本項では、本当の「反省」とは？　そして、反省を生かすとはどういうことかを述べていきます。

## ポイント 1 審査員の意見を鵜呑みにしない

高校演劇部として、そのお芝居に対して客観的に評価が受けられる機会が演劇コンクールです。コンクールでは他校の演劇部と評価を競い合い、審査員という第三者による評価が下されます。その評価は自分たちにとって納得いく・いかないはあるでしょうが、その後の演劇活動に生かすべきでしょう。しかし、審査員だからといって鵜呑みにせず、自分たちが「そうだな」と思ったことは生かし、わからないことは「何故そう言ったのだろう？」と考えてみましょう。悔しくても冷静に、ひとつの意見として捉えればよいのです。

### ワンポイントアドバイス

コンクールなどで評価されないと、今までやってきたことは全部駄目だと考えがちです
そうではなく、もっとよくなるためには具体的な反省をすることが大切です。

## ポイント 2 今までのことを否定しない

コンクールに参加した後の反省会では、「評価が悪い＝結果が出せない＝自分たちの今までのやり方が間違っていた」という判断をしがちです。そしてともすると、すべてを否定してやり方を全く変えて違う方向に走りがちです。それでは「反省」から何も得ることはできません。ここで話し合ってほしいことは、「今までやってきたことの何が効果がなかったのか」、「果たして基礎はできているのか、できてないのか」あるいは、「台本の読み方、その解釈は合っていたのか」など、具体的に反省を生かすことです。ひとつひとつ、具体的に反省をしていくことが大事なのです。

## ポイント 3 改めて、「イエス&（and）の精神」の大切さを実感しよう!

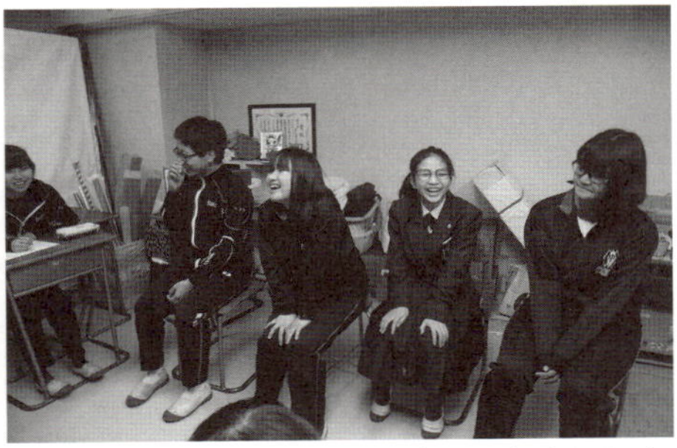

高い評価、納得のいく評価が受けられなかったとしても、今まで自分たちがやってきたことは、それはそれできちんと認めてあげることが大切です。その上で、次どうしようかという、今の自分たちに上乗せをしていくということが大切です。その点で【コツ13】の「イエス&（and）の精神」を思い出してみましょう。今まで自分たちのやってきたことにイエスを出して、もっとよくなるためにはどうすればいいのかをしっかりと考えていきましょう。

### まとめ

**ステップアップのためにこれだけは心がけよう!!**

①審査員からの評価は、絶対的なものではなくひとつの意見と捉える。
②今までのことを否定しない。
③改めて、「イエス&（and）の精神」の大切さを実感しよう!

コツ 61

# 「観劇」のススメ

演劇の練習を一生懸命していると、ともすれば自分が演じることだけに関心が向きがちです。しかし、自分の演技に磨きをかけるには、自分の殻に閉じこもってばかりではなく、さまざまな外の情報に触れることも大切です。そのために、ぜひおすすめなのが「観劇」です。

## ポイント 1 観ることで世界を広げる、観る側の視線を持つ

観劇のメリットとして、他の作品を観ることで、演劇に関する知識が増えることはもとより、他の人の演技を観ることで、「こういうやり方もあるんだ」「こういう表現の仕方もあるんだ」といった、演出の幅が広がる効果も期待できます。さらに、観る人が「どういう気持ちになるか」「どういうことが不快になるのか」など、観劇する側になることでわかることも多いです。そのように、単純に面白い面白くないという見方以外に学ぶことが多いものです。

ポイント
## 2 観劇する作品の探し方

観劇するための演劇作品を探すには、先生や友人からオススメの作品情報を聞くことはもとより、インターネットで、たとえば、演劇の専門出版社や劇団が運営するWEBサイトや、著名な演出家の作品を公開しているサイトなどをチェックしてみましょう。また、実際に他校の演劇部の単独公演会などに足を運んでみることもオススメです。公立の劇場や文化会館などでは学生割引が適用されることが多いため、気軽に観劇することができます。

**作品の探し方の例**

| 探し方 | 探す場所・WEBサイト |
|---|---|
| 足を使って探す | 先生や友人から聞く、図書館で検索、演劇誌や文芸誌のチェックなど。 |
| インターネットで探す | 演劇の専門出版社や劇団が運営するWEBサイトでチェック、公立の劇場や文化会館のWEBサイトで演劇公演情報のチェックなど。 |

ポイント
## 3 「劇評」にチャレンジしてみよう

「劇評」とは、上演された演劇に対する批評（評論）あるいはエッセイ（随筆）のことを言います。書く内容はさまざまですが、演劇を観て筆者が感じたこと、たとえば、見応えのある内容か、作品のテーマはどうであったか（テーマの選定に関することやそのテーマに対する自分の考えなど）、音楽の曲選びや演技者の演技力、演出や照明、音響などはどうだったのかを自分視点で書きます。このことで、「なぜ楽しめたのか」「なぜつまらなかったのか」「なぜ自分はそう思ったのか」といった、ふだん自分が漠然と思っていることを言語化することで、演劇に対する洞察力が磨かれたり言語能力の向上につながります。

**まとめ**

**ステップアップのためにこれだけは心がけよう!!**

①自分の世界を広げ、観る側の視線を持とう。
②観劇する作品を探そう。
③「劇評」にチャレンジしてみよう。

コツ 62

# 新入部員を勧誘しよう!

演劇部に入部したあなたは、これまでにどのように、うれしかったことや楽しかったこと、つらかったことや悲しんだことなどを経験しましたか？　お芝居を通じてしてきたさまざまな体験を、後輩たちにも分かち合いたいと思いませんか？

## ポイント 1　新入部員勧誘は、お客さん（観客）を勧誘するのと同じ気持ちで!

毎年４月は、新入部員を募集する時期です。あなたは少なくとも1年間いろいろとお芝居をやってきています。どうしたら新入部員が興味をもって入ってきてくれるでしょうか？　まずは演劇に興味をもってもらうことが一番です。そのためにはお客さんを勧誘する気持ちで招き、自分たちでつくったお芝居を楽しんでもらいましょう。

### ワンポイントアドバイス

新入部員は毎年獲得し続けなければ、部の存続はあり得ません。毎年一定の新入部員
部を目指して、誰もが安心して入ってこれる勧誘を心がけましょう。

## ポイント 2 新入部員を勧誘する際に自分達の個性を伝えよう

【新入部員勧誘の際に主に伝えること】
・日々、どんな活動をしているのか?
・部内の雰囲気はどうか?
・好んで選ぶ演劇のテーマもしくは作品の傾向はどうか?
・それはどんな内容なのか?

新入部員勧誘の際にあなたから伝えてほしいことは、どんな活動をしている部活かということです。演劇部とひと言でいっても、それはどんな特徴をもっている部活なのかがわかりません。そこで、あなたの演劇部がどのような演劇をやっているかを伝えてあげましょう。そこがあなたの演劇部の個性です。それは、楽しくていつもワイワイガヤガヤの部活で、そのような楽しいお芝居をやっている、あるいは、非常に芸術的なことを好み、みんなで凝った衣装を身にまとって豊かにからだの表現をしながら踊る「群舞（ぐんぶ）」をやっているなど、自分たちの部活がどういうところなのかをまずは伝えましょう。

## ポイント 3 自分たちが入ってきたときのことを思い出そう

新入部員勧誘の際にもうひとつ大切なことは、演劇部に入るのがはじめての人が多いため、彼らが委縮してしまうようなことをするのは避けましょう。たとえば、非常に明るいメンバーが多く、いつもワイワイガヤガヤで楽しい部活であったとしても、無理に溶け込ませることはしないようにしましょう。なぜならば、たとえばその人が引っ込み思案な人であったり、あるいは、他人と交わることが苦手な人であるかもしれません。異様なテンションがないと入れないように思われないようにしましょう。そうしたことよりも、どうしようかなと迷っている人にきちんと声を掛けて、いろいろな不安を解消してあげることが大切です。

【NGな勧誘方法の例】
・勧誘されたほうが委縮してしまうような異様なテンションを感じさせること
・無理に自分たちの部活のやり方を押しつける

### まとめ

ステップアップのためにこれだけは心がけよう!!

①新入部員勧誘は、お客さん（観客）を勧誘するのと同じ気持ちで行う。
②新入部員を勧誘する際に自分たちの個性を伝えよう。
③自分たちが入ってきたときのことを思い出そう。

コツ 63

# 演劇が好きになれたなら

もし演劇がもっと好きになれたり、初めてやってみて面白いと感じたりしたら、演劇の世界は知れば知るほど深く、上がどこまでもありますので、もっと深く勉強してみましょう。

## ポイント 1 演劇が好きになれたなら、より深く勉強する

もし演劇をやってみて、もしあなたがもっと演劇のことを知りたいと思うようになったら、より深く勉強することをお勧めいたします。

演劇に関連する勉強の分野はさまざまです。本で演劇の歴史や理論的な面から勉強することもできますし、あるいは、本書で紹介したシアターゲーム【コツ9～12】だけで複数本になっていますので、それを読んでもっと深く勉強してみる、あるいは、本で演出法についてもっと深く学んでみるということができます。

なお、本書で紹介した内容は部活動をメインに演劇を始めた人が学んでほしい基礎～中級といったところでスタートラインに立ち走り出すためのものです。

### ワンポイントアドバイス

演劇は勉強すればするほど、上がどこまでもあるので、もっともっと深く勉強してみましょう。きっと感動するような、さまざまな出会いがあります。

## ポイント 2 「舞台は総合芸術」いろいろな分野に興味を持とう

よい舞台をつくろうとすれば、さまざまな芸術から学ぶことができます。映画や落語、あるいは、ダンスや舞踊、ミュージカルからでも学べます。さらには、美術館や博物館にあるアート作品からでも、そこにはさまざまなヒントが隠されています。舞台はまさに「総合芸術」だと言われるゆえんです。演劇の次のステップに踏み出すために、ぜひいろいろなものに興味をもって視聴や鑑賞、体験することをおすすめします。

## ポイント 3 自分が今まで触れたことのない世界を観てみよう!

そしてさらに演劇を深く勉強したいと思ったなら、他人からの情報を待っていないで、プロの劇を観に行くなど、自分の足で積極的に行動しましょう。本当に自分が必要とする情報や出会いは待っていても来てくれません。自分が今まで触れたことのない世界を知りたければ、自分の足でいろいろと探してみることが大切です。それが次のステップにつながるのです。

### まとめ

**ステップアップのためにこれだけは心がけよう!!**

①演劇が好きになれたなら、より深く勉強しよう。
②いろいろなジャンルのお芝居があることを知ろう。
③自分の足でいろいろと行動してみよう。

**監修　杉山純じ**

1982年生まれ。福島県出身、茨城県育ち。
演出家・ワークショップ講師・演劇プロデューサー。
演劇制作ユニットしむじゃっく主宰。
私立江戸川学園取手中・高等学校演劇部外部講師。

大手通信会社を30歳にして退職し以降演劇の道に進む。
「全国高等学校総合文化祭inいばらき開幕劇」演出助手。
「茨城県高等学校文化連盟30周年記念及び文化施行条例制定記念構成劇」演出。
他、県立高校演劇部外部講師、高校演劇大会審査員、地方大学演劇部への出張ワークショップ、社会人向けの演技レッスン等、若年層や演劇ライトユーザーへの普及活動に力を入れている。

**企画・構成・編集**　有限会社イー・プランニング
**デザイン・DTP**　株式会社ダイアートプランニング　山本史子
**イラスト**　多田あゆ実
**撮影**　上林徳寛

**取材・撮影協力**　江戸川学園取手中学校・高等学校演劇部

**部活でスキルアップ！**
**演劇部　活躍のポイント　増補改訂版**

2023年5月15日　第1版・第1刷発行

監　修　杉山純じ（すぎやまじゅんじ）
発行者　株式会社メイツユニバーサルコンテンツ
　代表者　大羽 孝志
　〒102-0093 東京都千代田区平河町一丁目 1-8
印　刷　株式会社暁印刷

ISBN978-4-7804-2773-8 C2074 Printed in Japan.

ご意見・ご感想はホームページから承っております
ウェブサイト　https://www.mates-publishing.co.jp/

編集長：堀明研斗　企画担当：堀明研斗

※本書は2018年発行の『部活でスキルアップ!演劇　上達バイブル』を元に、新しい内容の追加と必要な情報の確認・更新、書名の変更を行い、「増補改訂版」として新たに発行したものです。